Mut

Wagen und gewinnen

Nadja Raslan
Franz Hölzl

Inhalt

Vorwort

Mut gilt als erstrebenswerte Tugend. „Eine mutige Entscheidung!" – da schwingt Bewunderung mit. Mutige Menschen dienen als Vorbilder. In Wahrheit ist zwischen Mut und Übermut nur ein schmaler Grat. Menschen, die „zu mutig" waren und persönlichen Schaden genommen haben, werden bedauert – und nicht bewundert. Viele Menschen leiden unter dem Gegenteil: Es mangelt ihnen an mutiger Zuversicht, sie haben das Gefühl: „Mit mehr Mut könnte ich viel Erstrebenswertes erreichen".

Was hält uns davon ab, mutig zu sein? Unsere Geisteshaltung bestimmt, wie mutig wir sind. Jeder kann in seinem individuellen Umfang mutig sein! Eine Voraussetzung dafür ist es, seine Kräfte realistisch einzuschätzen. Sonst wird Mutigsein zum Glücksspiel!

In diesem TaschenGuide lernen Sie Ihren persönlichen „Mut-Level" kennen. Sie erfahren, wie Sie ihn nach oben verschieben. Tipps helfen Ihnen, mit Hindernissen und Blockaden umzugehen. Lernen Sie, wie Sie Ihr Bauchgefühl und Ihren Verstand mutbringend einsetzen. Die wirklich Mutigen haben kein blindes Vertrauen in die eigenen Fähigkeiten. Die wirklich Mutigen sind in der Lage, Risiken und Chancen richtig einzuschätzen.

Für Fabian und Hannah – Vertrauen, Zuversicht und Mut!

Nadja Raslan und Franz Hölzl

Ein bisschen Mut tut gut!

Mutiges Handeln sieht je nach Kontext und kulturellem Umfeld sehr unterschiedlich aus. Das Waghalsige ist bei Weitem nicht immer mutig.

In diesem Kapitel lesen Sie,

- warum Mut in der Gruppe besonderen Bedingungen unterliegt,
- was Mut von Übermut unterscheidet,
- warum es zu mehr Lebensqualität führen kann, Risiken einzugehen,
- wie Erziehung und Geschlechterrollen unser Verhalten beeinflussen,
- welche konkreten Schritte Sie gehen müssen, um mutiger zu werden.

Mutgeschichten – Mut ist nicht gleich Mut

Mut hat viele Gesichter: Mal ist es eine scheinbare Kleinigkeit, wie ein offenes Wort, die Mut erfordert, ein anderes Mal ist beherztes Zupacken gefragt. Eines steht fest: Mut verschafft uns größere Handlungsspielräume und damit ein Stück mehr Freiheit und Souveränität.

Mut im Team

Beispiel

Kurz nach seiner Beförderung organisierte der neue Abteilungs-leiter einen Teamtag im Hochseilgarten. Dabei lösten die Team-mitglieder Aufgaben in etwa 10 m Höhe durch einen Seilpar-cours. Ziel des Teamtages war es, das Teamvertrauen zu fördern und die Mitarbeiter zu motivieren. Der dienstälteste Mitarbeiter, Max Huber, litt an Höhenangst. Die meisten Übungen konnte er als Sicherer vom Boden aus gut bewältigen. Bei der abschließen-den Herausforderung jedoch, dem „Sprungturm", sollte jeder Teilnehmer einen schwankenden 9 m hohen Pfahl erklettern und anschließend – von der Gruppe gesichert – abspringen. Unter-stützt von den Kollegen („Max, das schaffst du!") und aus Angst davor, als Versager dazustehen, machte er sich auf den Weg. Auf zwei Dritteln der Pfahlhöhe fing Max an, sich zu verkrampfen. Er konnte weder vor noch zurück und schon gar nicht loslassen. Erst als es einem Trainer gelang, zu ihm zu klettern, konnte die Situation gelöst werden. Schweißgebadet und zitternd kam Max wieder am Boden an.

Max Huber hat sich „zu" mutig über seine Ängste und Bedenken hinweggesetzt. Mögliche Gründe dafür gibt es viele: Er

- wollte die Kollegen nicht enttäuschen,
- hatte Angst, zu versagen,
- wollte sich selbst etwas beweisen,
- wünscht sich Anerkennung und das Gefühl dazuzugehören
- und wollte zuguterletzt vor dem neuen Chef keinen Gesichtsverlust erleiden.

Auch wenn die Aktion am Sprungpfahl noch einmal gut ausgegangen ist, der Preis fürs Mutigsein war hoch. Statt Bewunderung erntete er Mitleid. Die Kollegen und der Chef werden den Eindruck gewinnen, dass Max Huber seine Fähigkeiten nicht richtig einschätzen kann. Statt eines gestiegenen Selbstbewusstseins wird sich bei Max die Erkenntnis festigen: „Das kannst Du nicht!"

Was Mut im Team bedeutet

Aus der Sozialpsychologie wissen wir: Menschen verhalten sich in Gruppen anders als alleine. Wir streben nach Zugehörigkeit und Anerkennung. Viele unserer Handlungen sind darauf ausgerichtet, von den anderen gemocht zu werden. So lassen sich Aktionen und Aussagen Einzelner erklären, die im Widerspruch zur „inneren Überzeugung" stehen. Um unsere Zugehörigkeit nicht aufs Spiel zu setzen, stellen wir eigene Bedürfnisse und Ängste in den Hintergrund. Oft unbewusst bewegen uns dabei zwei Fragen:

- Bin ich im Team akzeptiert, wenn ich anders bin?
- Was passiert, wenn ich mich den Teamregeln nicht unterordne?

In guten Teams wird offen mit der Unterschiedlichkeit einzelner Teammitglieder umgegangen. Und der Einzelne darf sich, auch mit anderen Überzeugungen, zugehörig fühlen. In einem Umfeld, in dem Schwächen nicht versteckt werden müssen, fällt es auch den Ängstlichen leichter, selbst zu entscheiden, wann sie mutig sind und wann nicht.

> Manchmal braucht es mehr Mut, etwas nicht zu tun, als etwas zu tun! Mut im Team bedeutet, den Erwartungen der anderen nicht zu entsprechen, wenn eigene Überzeugungen oder Ängste dagegen stehen.

Mut und Übermut

Beispiel

Im August 2002 kletterte der Profibergsteiger Alexander Huber ohne Seil und Hilfsmittel in drei Stunden „free solo" durch die Nordwand der Großen Zinne in den Dolomiten. Die Route gilt selbst mit Seil als eine der schwierigsten Felskletterein der Alpen. Fünf Tage lang bereitete er sich mit Seil auf die Begehung vor, indem er die Route mehrmals kletterte. Dabei studierte er jede schwierige Passage und trainierte die nötigen Kletterzüge. Auch wusste er nach der Vorbereitung, welchen Griffen er trauen konnte und wo Gefahr drohte. Klar war bei dieser Aktion dennoch: Der geringste Fehler würde den Absturz und damit den sicheren Tod bedeuten! Eine mutige Aktion oder bodenloser Leichtsinn?

Da der bekannte Extremkletterer öffentliche Aufmerksamkeit genießt, löste die Besteigung eine kontroverse Diskussion aus: „Ist Alexander Huber ein Held oder ist er verrückt?" Die Beiträge reichten von völliger Ablehnung („Der hat den totalen Schaden.") bis hin zu Bewunderung („Eine fantastische Leistung."). Seine eigene Einschätzung dazu: „Ich bin kein

Hasardeur. Viele Leute denken, dass wir Bergsteiger keine Angst haben. Das ist Unsinn. Angst ist überlebenswichtig. Wenn ich völlig ohne Angst in den Bergen herumklettern würde, dann würde es nicht lange dauern, bis es mich runterhaut."

Das klingt nicht nach einem Helden – und auch nicht nach einem Verrückten. Eher nach einem, der weiß, welche Risiken er eingeht, und bewusst damit umgeht.

Macht es überhaupt Sinn sich mit einem Extrembergsteiger zu vergleichen, wenn es um Mut geht? Ja, macht es! Weil es keine „Mut-Skala" (0 = Feigling bis 10 = Held) gibt. Ich bin nicht weniger mutig, nur weil ich als Gelegenheitskletterer stets mit Seil klettere. Und Lebensentscheidungen, wie die Gründung einer Familie, erfordern oft mehr Mut als der Bergprofi bei seinem „Tagesgeschäft" benötigt.

Mutiger werden, ohne übermütig zu sein

Wie geht ein „Mut-Profi" Herausforderungen an, die im Grenzbereich der eigenen Möglichkeiten liegen? Die Grundlage dafür ist ein ausgeprägtes Vermögen, sich selbst einzuschätzen.

- Was bin ich in der Lage zu leisten?
- Wo fängt bei mir die Unsicherheit an?
- Welche Stärken besitze ich?
- Welche Schwächen habe ich?
- Wie ausgeprägt ist mein Selbstvertrauen?
- Reichen meine Fähigkeiten für diese Aufgabe aus?

Ein weiterer entscheidender Aspekt ist die Vorbereitung mit dem Ziel, nichts dem Zufall zu überlassen.

- Wie sehen die Anforderungen an mich genau aus?
- Welche Risiken gibt es?
- Wie werde ich mit den Risiken umgehen?
- In welchem Verhältnis stehen Chancen und Risiken für mich?

Die meisten mutigen Menschen bezeichnen sich selbst nicht als mutig. Das hat nichts mit Bescheidenheit zu tun. Denn die „Mutigen" kennen die Voraussetzungen, um mutig zu sein:

- eine ausgeprägte Selbstwahrnehmung,
- Analysefähigkeit und Genauigkeit,
- Konzentrationsvermögen und Ausdauer.

> Mut bedeutet nicht, ohne Angst zu handeln, sondern trotz der Angst! Wenn ich zu dem Schluss komme, dass mir das Risiko in diesem Fall zu hoch ist, kann „handeln" auch bedeuten, etwas bewusst nicht zu tun. Es gilt unsere Ängste wahr- und ernst zu nehmen. Ignorieren wir die Signale, die uns die Angst sendet, sind wir nicht mutig, sondern leichtsinnig!

Mut zum Risiko

Beispiel

 Ursula Gruber arbeitet seit zehn Jahren in einem stark wachsenden Familienunternehmen. Die Mitarbeiteranzahl hat sich in dieser Zeit von 45 auf 710 entwickelt. Jährlich werden zwei bis drei neue Standorte eröffnet. Mit ihrem Wissen und der langjährigen Zugehörigkeit gehört Ursula Gruber zu den erfahrenen Mitarbeitern. Die Arbeit macht ihr Spaß und sie ist der Firma gegenüber absolut loyal. Auch die Vorgesetzten scheinen zufrieden zu sein. Negative Rückmeldungen zu ihrer Arbeitsleistung erhält sie jedenfalls so gut wie nie. Außerdem nutzt sie jede Gelegenheit zur beruflichen Weiterbildung. Es gibt nur einen Haken: Ursula Gruber würde auf der Karriereleiter gerne weiter nach oben klettern. Tatsache ist aber, dass selbst Kollegen mit weniger Erfahrung an ihr „vorbeibefördert" werden. Für die neu eröffneten Standorte sucht das Unternehmen in- und extern laufend geeignete Standortleiter. Vergeblich wartet Ursula Gruber darauf, dass ihr der Job angeboten wird. Da bliebe nur noch, sich aktiv auf die Stelle zu bewerben. Aber für diesen Schritt fehlt ihr der Mut! Im Lauf der Zeit steigt Ursula Grubers Unzufriedenheit mit ihrem Job, ihrer Situation und schließlich auch mit sich selbst immer weiter an.

So nachvollziehbar Ursula Grubers Unzufriedenheit auch ist – den Vorgesetzten oder dem Unternehmen die Schuld zu geben, hilft nicht weiter. Andererseits liegt hier ein wirkliches Dilemma vor:

Nicht handeln:	Aktiv werden:
sich nicht auf die Stelle bewerben und weiter den Frust ertragen	sich auf die Stelle bewerben und eventuell eine Absage erhalten

Mögliche Ängste, die uns daran hindern, mutig neue Wege zu gehen, gibt es viele:

- **Angst vor Ablehnung:** Bewerbe ich mich nicht, kann ich auch nicht abgelehnt werden!

- **Angst vor der Reaktion der Kollegen:** Was sagen die Kollegen, wenn ich nicht genommen werde? Und was, wenn ich genommen werde?

- **Angst davor, unbequem zu sein:** Fordere ich zu viel von meinen Chefs, wenn ich für mich die Stelle beanspruche?

In unserer Coaching-Praxis erleben wir häufig, dass Menschen unzufrieden mit sich sind, weil Ihnen der Mut zu neuen Wegen oder scheinbar risikoreichen Entscheidungen fehlt. Diese Unzufriedenheit macht die Situation dann noch schlimmer. „Jetzt stecke ich schon in einer Krise. Und dann fehlt mir auch noch der Mut, etwas dagegen zu tun."

Risiken eingehen für mehr Lebensqualität

„Ein Risiko geht jeder ein, der auf Dauer kein Risiko eingeht", sagt der Autor Martin Gerhard Reisenberg. Wenn wir den Verlust von Lebensqualität auch als Risiko sehen, stimmt diese Aussage vollkommen. Es geht also darum, sich bewusst für ein Risiko zu entscheiden. Dazu sollten wir wissen, wie unsere Optionen denn genau aussehen:

1 Welche Möglichkeiten habe ich?

2 Welche Chancen verbergen sich hinter den einzelnen Möglichkeiten?

3 Welche Risiken sind mit den einzelnen Möglichkeiten oder Alternativen verbunden?

4 Wie bewerte ich die Risiken für mich persönlich?

> Es ist nicht möglich, sich nicht zu entscheiden. Auch wenn ich nichts tue, entscheide ich mich: für das Nichtstun! Da auch das „Nichtstun" Konsequenzen hat, ist es in jedem Fall besser, sich mit den Folgen meiner Entscheidungsoptionen auseinanderzusetzen. Und dann mutig die Risiken in Kauf zu nehmen.

Mut vor dem Hintergrund von Kultur und Erziehung

Unser kultureller Hintergrund prägt, wie wir wahrnehmen, wie wir denken, welche Werte die Basis unseres Handelns sind. Mut wird in unterschiedlichen Kulturen unterschiedlich beurteilt, empfunden und verstanden. Unabhängig vom kulturellen und historischen Kontext könnte man wohl sagen: Mut ist die Fähigkeit, sich in Gefahr zu begeben. Die Differenzen ergeben sich aus dem, was in welcher Gesellschaft als Gefahr wahrgenommen wird und was nicht. Ursprünglich war Mut überlebensnotwendig.

Beispiel

 Unsere Urahnen durchstreiften die Wälder, um Nahrung zu sammeln. Raschelte es im Gebüsch, schütteten sie unterschiedlichste Stresshormone aus. Das Geräusch könnte von einem Säbelzahntiger oder einem harmlosen Tier kommen. Stand er nun dem Säbelzahntiger Aug' in Aug' gegenüber, gab es zwei Entscheidungsalternativen, um das Ziel „Überleben" zu erreichen: Kampf oder Flucht. Bei der Strategie Verteidigung/Kampf war mutiges Handeln gefragt.

In unserer heutigen relativ bedrohungsfreien Gesellschaft ist Mut auf ganz andere Art und Weise gefragt. Unsere Herausforderungen liegen im Bewältigen unserer Alltagsthemen: Sicherung des Arbeitsplatzes, monatliche Tilgungszahlungen für das gekaufte Haus, Klärung des Konflikts mit dem Partner, soziale und gesellschaftliche Kontakte pflegen u. v. m.

Kennzeichen von Kultur sind Werte, Glauben, Wissen, Bräuche. Menschen anderer Kulturen verfügen über ein unterschiedliches Mut-Verständnis. Was in Deutschland als mutig bezeichnet wird, gilt etwa in den Vereinigten Staaten von Amerika als selbstverständlich.

Beispiel

 Im Durchschnitt zieht ein US-Amerikaner zehn Mal in seinem Leben um, ein Deutscher laut Statistik vier Mal. Die Amerikaner als sehr mobiles Volk wechseln ihren Wohnort von der Ost- zur Westküste, von Nord nach Süd oder umgekehrt.

Wie häufig sind Sie in Ihrem Leben umgezogen? Sind Sie innerhalb Ihrer Stadt umgezogen oder von Nord- nach Süddeutschland oder von den alten Bundesländern in die neuen? Was in der amerikanischen Kultur zum Lebensalltag gehört, ist in Deutschland eher noch die Ausnahme.

Mut und Erziehung

Im 19. Jahrhundert war die Erziehung geprägt von Ordnung, Disziplin, Gehorsam und Fleiß. Körperliche Strafen gehörten zum Alltag, nach dem Motto: „Eine Ohrfeige hat noch niemandem geschadet." Ausdrücklich erlaubt waren im Schulalltag auch harte Strafen, wie Ruten- oder Stockschläge. Gute Erziehung bedeutete strenge, autoritäre Erziehung. Es galt zu gehorchen und „die Obrigkeit" (Eltern, Lehrer etc.) anzuerkennen, Widerspruch wurde nicht geduldet. Ziel der Erziehung war es, die Kinder an die herrschenden sozialen Strukturen anzupassen und ihnen gute Manieren zu vermitteln. Mut war da allenfalls als militärischer Gehorsam gefragt.

Im 20. Jahrhundert wandelten sich diese Grundsätze maßgeblich. Antiautoritäre Ansätze und der Laissez-faire-Stil bildeten für viele der 68er-Generation das Erziehungsmodell der Wahl. Reformschulen entstanden, die Waldorfschule, die Montessorischule und Summerhill sind die bekanntesten.

Heute im 21. Jahrhundert steht im Mittelpunkt, das Kind mit all seinen individuellen Talenten zu fördern und zu fordern, seine Bedürfnisse wahrzunehmen und klare Grenzen und Regeln zu setzen. Die Kinder sollen lernen, als Erwachsene ein selbstbestimmtes Leben in der gesellschaftlichen Gemeinschaft zu führen, mutig ihre Vorstellungen, Meinungen und Ziele zu verfolgen und dies dabei in einer teamfähigen, sozialen Art und Weise.

Alles Gender oder was?

Die Diskussionen um Gender-Mainstream sind facettenreich. Es besteht die Gefahr, dass die Gleichstellungspolitik gegen die Familienpolitik ausgespielt wird, anstatt beide offensiv anzugehen. Lernen Sie Ihre persönlichen Gender-Bilder kennen. Wichtig ist: Es gibt keine richtige oder falsche Antwort! Ihre intuitiven, spontanen Bilder sind gefragt.

Übung: Geschlechterrollen

Nehmen Sie ein DIN-A4-Blatt quer, knicken Sie es in der Mitte und schreiben Sie auf die eine Seite „Mädchen", auf die andere „Junge" als Überschrift. Sie haben nun zwei Minuten Zeit, sich auf die „Mädchen"-Seite zu konzentrieren und alle Eigenschaften/Begriffe aufzuschreiben, die Sie mit „Mädchen" verbinden. Nach den zwei Minuten konzentrieren Sie sich auf die „Jungen"-Seite und notieren hier die Schlagwörter.

Auswertung: Geschlechterrollen

Welche Eigenschaften/Begriffe assoziieren Sie mit Mädchen?
Eher Wörter wie „lieb", „verspielt", „brav" usw. Und wie
beschreiben Sie die Jungen? Stehen hier eher Aussagen wie
„abenteuerlustig", „laut", „wild", „kämpferisch"?

Diese Einstellungen und Erwartungen projizieren Sie unbewusst an Ihre Umwelt und an sich. Platte, festgelegte Vorstellungen wie „Frauen können nicht Auto fahren", „Männer
können keine Gefühle zeigen", begegnen uns in großer Viel-
zahl im täglichen Leben und schwirren um uns herum. Mit
diesen Klischees werden nicht nur die Ideen zu typischen
Eigenschaften, sondern auch Bewertungen dominant. So gelten Frauen etwa als fürsorglich, emotional, ausdrucksstark,
Männer eher als rational, selbstbewusst. Diese Klischees sollten uns bewusst sein, wenn wir in den folgenden Kapiteln auf
dem Weg zu selbstbestimmterem und mutigerem Handeln
einen Blick auf unsere persönlichen Bedingungen werfen.

Mut in der Gender-Debatte bedeutet mehr, als gängige Ge-
schlechterbilder und männliche bzw. weibliche Verhaltensmuster zu hinterfragen. Es bedeutet, den persönlichen Umgang mit anderen Menschen bewusst wahrzunehmen und
sich zu fragen, inwieweit anerzogenes Verhalten dieses bestimmt.

Mut – das Salz in der Suppe

Beispiel

Nächste Woche ist es soweit, die jährliche Großkundenveranstaltung findet statt. 800 Groß- und Einzelhändler haben für den zweitägigen Event zugesagt – bei einer Veranstaltungsgebühr von 390 EUR kein Pappenstiel. Ihre Aufgabe ist es, die maßgebliche Präsentation zu halten und für das neue Produkt zu werben. Präsentationen schütteln Sie als alter Hase aus dem Ärmel. Außerdem besitzen Sie das Mut-Rezept.

Was lernten Sie im letzten Seminar? – „Halten Sie sich nur genau an die Checkliste und nichts kann schief gehen. Viele meiner Teilnehmer haben es schon ausprobiert und sind alle total begeistert von dem Ergebnis. Es ist wie ein Rezept, ganz einfach. Weil kochen kann doch jeder, oder?"

Theorien lassen sich leicht anpreisen, doch wie schaut es in der Praxis aus, wenn das Gegenüber nicht so reagiert, wie in der Checkliste beschrieben? Hier ist Handlungskompetenz gefragt und professionelles Improvisationstalent. Es wäre schön, wenn es mit dem Mut so einfach wäre! Mit dem Mut ist es wie mit dem sprichwörtlichen „Salz in der Suppe". Stellen Sie sich vor, Sie und fünf weitere Personen sollen nach ein und demselben Rezept kochen, nehmen wir an eine Lasagne. Jeder von ihnen erhält exakt die gleichen Zutaten und Gewürze. Jeder von Ihnen verfügt über denselben Erfahrungsschatz, wie eine schmackhafte Lasagne zubereitet wird. Was glauben Sie? Schmeckt die Lasagne bei allen Köchen identisch? Oder gibt es Unterschiede, vielleicht sogar erhebliche Unterschiede im Geschmack? Wir wagen zu behaupten, dass jede Lasagne so individuell schmeckt, wie es auch die Köche sind.

Mut-Rezept

Erwarten Sie das simple Mut-Patentrezept? Dann legen Sie dieses Büchlein gleich wieder zur Seite! Möchten Sie etwas ausprobieren, das wirklich zu Ihnen passt, das Ihre persönliche Handschrift trägt und authentisch wirkt? Dann sollten Sie weiterlesen. Das Mut-Rezept, das wir Ihnen vorschlagen, ist komplex und besteht aus vier erlesenen Zutaten:

- Selbstvertrauen,
- Erfahrung,
- Planen,
- Handeln.

Erkenne, wo du stehst, wohin du willst. Mach deinen Plan. Und dann geh!

Selbstvertrauen: Erkenne, wo du stehst, Teil 1

Die erste Zutat unseres Mut-Rezeptes ist das Selbstvertrauen. Wir kommen nicht mit geringem Selbstvertrauen auf die Welt. Sind wir eher schüchtern, zurückhaltend und fühlen uns gehemmt, liegt der Ursprung in unseren frühkindlichen Erfahrungen. Quelle von geringerem Selbstvertrauen sind auch unsere Vorbilder, die uns in der Kindheit prägten. Unsere innere Selbstvertrauensstimme kann als Kritiker oder als Tröster zu uns sprechen.

Je nachdem, welche Selbstvertrauensstimme das Innenleben dominiert, beeinflusst das dementsprechend Ihr Mut-Verhalten. Sendet die innere Stimme eher Botschaften wie: „Das schaffst du nie, dafür bist du sowieso zu dumm, das letzte Mal hat es auch nicht funktioniert.", so ist der Kritiker dominant.

Die Folge ist: Wir machen uns selbst klein, fühlen uns minderwertig und versuchen eher, „unsichtbar" zu sein. Der Tröster ist aktiv, wenn die innere Stimme vermittelt: „Das hat jetzt gar nicht geklappt, aber beim nächsten Mal wird's bestimmt besser funktionieren, was ist schon ein Fehler, hättest du es nicht probiert wärst du jetzt auch nicht schlauer!"

Seien Sie Ihr bester Freund. Ihren besten Freund machen Sie nicht klein, sondern unterstützen und motivieren ihn. Er ist immer liebenswert und wertvoll für Sie, sonst wäre er wohl nicht ihr bester Freund.

Erfahrung: Erkenne, wo Du stehst, Teil 2

„Der Mensch hat dreierlei Wege, klug zu handeln: durch Nachdenken ist der edelste, durch Nachahmen der einfachste, durch Erfahrung der bitterste." Konfuzius, chinesischer Philosoph

Die zweite Zutat des Mut-Rezeptes ist die Erfahrung. Unser Erfahrungsschatz wird permanent vergrößert durch Erlebnisse, Beobachtungen, Einsichten. Frühe Erfahrungen hinterlassen die einprägsamsten Eindrücke, meist auf der unbewussten Ebene. Lösen Erlebnisse aus der Vergangenheit eher Gefühle von Frustration oder von Zufriedenheit aus? Erfahrungen sind stark mit dem Selbstvertrauen und den inneren Stimmen verwoben. Es wäre jedoch fatal, den Schluss zu ziehen: „In der Kindheit habe ich so viele schlechte Erfahrungen gemacht, daran wird sich auch weiter nichts ändern." Mutorientiert ist dagegen die Haltung: „Trotz der schlechten Erfahrung lasse ich mich nicht in den Frustrationsstrudel ziehen, sondern lerne daraus und richte mein neues Handeln danach."

Erfahrungen sollten immer wieder überprüft und hinterfragt werden. Frühe Erfahrungen sollten mit dem „Erwachsenen-blick" betrachtet werden. Natürlich lassen sich frühkindliche Verletzungen nicht „auslöschen", überhandnehmen sollten sie im Erwachsenenalter nicht. Die Folge wäre ein nach urkindli-chen Mustern ausgerichtetes Verhalten, das wie ein Compu-tervirus mutiges Handeln unterlaufen würde.

Plane: Erkenne, wo du hin willst

Die dritte Zutat des Mut-Rezeptes: ein Plan. Seien Sie mutig und melden Sie sich morgen zum nächsten Marathon an. Spätestens in zwei Monaten wird irgendwo in Deutschland einer stattfinden – also, los geht's, oder vielmehr: Laufen Sie los!

Dies ist selbstverständlich ein Schlag und kein Ratschlag – wie so vieles im Leben. Wenn Sie derzeit kein Ausdauer-sportler sind, werden Sie es in einer Trainingsphase von zwei Monaten nicht schaffen, einen Marathon ohne größere ge-sundheitliche Schäden zu überstehen. Bei einer Vorlaufzeit von einem Jahr ist das schon wesentlich realistischer. Mut bedeutet nicht, aufzustehen und zu machen, sondern Optio-nen abzuwägen, realistische Pläne zu entwickeln, um Ziele zu erreichen.

> „Niemand plant zu versagen, aber die meisten versagen beim Planen." Lee Iacocca, früher Präsident der Ford Motor Company

Aktion: Und dann geh'!

Die vierte Zutat zum Mut-Rezept: die Aktion. Mit dem TaschenGuide erhalten Sie in den folgenden Kapiteln detaillierte Handlungsmöglichkeiten und Aktionspläne. Mut bildet das schmackhafte Gewürz unseres Lebens. Innere und äußere Hindernisse schaffen Sie selbst mit noch so ausgeklügelter Planung und dem Selbstvertrauen eines Elefanten niemals komplett aus dem Weg. Lassen Sie diese Hindernisse nicht zu Handlungsbarrieren werden, ordnen Sie sie eher ein wie einen leichten Tinnitus, den Sie wahrnehmen, der Ihre Handlungskompetenz jedoch nicht verkleinert.

Beispiel

 Nachdem der Modeschöpfer Karl Lagerfeld vor ein paar Jahren viel abgenommen hatte, fragte ihn ein Journalist, wie er sein Gewicht halten könne, wo er doch ständig leckere Buffets vor der Nase habe. Lagerfeld antwortete in seiner unnachahmlichen Art: „Ich diskutiere einfach nicht mit mir."

Diskutieren Sie nicht mit sich, wenn Sie sich wieder selbst blockieren!

Auf einen Blick: Ein bisschen Mut tut gut!

- Mut hat viele Facetten. In der Gruppe etwa kann Mut bedeuten, den Erwartungen anderer nicht zu entsprechen.

- Damit Mut nicht in Übermut umschlägt, müssen wir unsere Ängste ernst nehmen und unsere Fähigkeiten realistisch einschätzen.

- Wer keine Risiken eingeht, verliert an Lebensqualität, denn auch Nichtstun hat Folgen!

- Kultur und Erziehung prägen unser Mutverhalten und bestimmen, was wir überhaupt als Gefahr wahrnehmen.

- Wer Mut gewinnen will, muss einen Cocktail aus vier Zutaten mischen: das Selbstvertrauen fördern, indem man sich motiviert, schlechte Erfahrungen hinterfragen, planen, wo man hin will, und in Aktion treten.

Wie mutig bin ich –
Mut-Analyse

Im letzten Kapitel haben Sie gelernt, was Mut bedeutet und wie die ersten Schritte zu mutigem Handeln aussehen. Klären Sie nun Ihre Ausgangssituation: Wie reagieren Sie im privaten wie im beruflichen Kontext? Wo schlummern Ihre Potentiale, die es zu fördern gilt?

Finden Sie in diesem Kapitel heraus,

- welcher Mut-Typ Sie sind und wie Sie Ihre speziellen Potentiale ausbauen,
- welche Päckchen Sie aus Ihrer Vergangenheit mitschleppen und wie Sie sie ablegen können,
- wie hoch Ihr Sicherheits- und Vertrauenslevel ist und wie Sie ihn erhöhen können,
- wie hoch Ihre Risikobereitschaft ist,
- ob Sie eher Ihre Schwächen oder Ihre Stärken im Blick haben.

Mein Mut-Level oder: Wie viel Mut habe ich?

Gemäß den Erkenntnissen der Individualpsychologie sind wir Menschen soziale Wesen. Wir brauchen Kontakt zu anderen Menschen, um uns entwickeln zu können. In eine Gemeinschaft integriert zu sein bzw. dazuzugehören, ist essentiell für uns. Im Alltag bedeutet dies, wir fügen uns in unterschiedlichste Gemeinschaften ein:

- im privaten Umfeld: Partnerschaft, Eltern, Kinder, Freundeskreis, Vereine
- im beruflichen Umfeld: Kollegen, Teams, Vorgesetzte, Kunden

All diese sozialen Kontakte beeinflussen unser Leben, sie bestimmen unser tägliches Handeln und Tun. Sie geben uns einen bestimmten Rahmen und Verhaltensmuster vor, die uns Sicherheit vermitteln. Sie machen unser Leben berechenbarer und erleichtern das Zusammenleben zunächst.

Beispiel

 Abteilungsleiter Sven Schöner ist zum Mittagessen mit seinem Bereichsleiter Volker Kamer verabredet. Im Gespräch kaut Herr Kamer hörbar sein Steak und spricht mit vollem Mund. Nach dem Essen entfernt Herr Kamer die Speisereste in seinen Zähnen für alle umstehenden Personen deutlich sichtbar mit den bereitliegenden Zahnstochern.

Finden Sie das Verhalten bzw. die Manieren passend im beruflichen Umfeld? Beruflich ist so ein Verhalten eher inakzeptabel. Fraglich ist auch, ob Herr Kamer Feedback erhält oder die Mitarbeiter/Kollegen einfach nach Vogel-Strauß-Strategie den Kopf in den Sand stecken und diese Tischmanieren bewusst ignorieren.

Mut und Risiko liegen eng beieinander, fast wie siamesische Zwillinge. Für Herrn Schöner wäre es mutig, die Tischmanieren seines Vorgesetzten anzusprechen, da ein mögliches Risiko schlimmstenfalls einen Stopp im Karriereweg bedeuten könnte – je nachdem, wie offen Herr Kamer das Feedback aufnehmen würde, ob er froh ist, dass ihm dieser blinde Fleck gezeigt wurde oder ob er verärgert reagiert. Mut zu zeigen, ist nicht einfach, egal ob am Arbeitsplatz oder im privaten Umfeld. Riskiere ich Ausgrenzung, wenn ich Missstände anspreche? Wird meine fachliche Kompetenz infrage gestellt? Alle möglichen Fragen gehen uns durch den Kopf, wenn wir mutig Situationen zu bewältigen haben, in denen wir unser sicheres Terrain verlassen.

Mut-Risiko-Test: „Anfänger-Test"

Das siamesische Zwillingspaar Mut und Risiko beeinflusst Ihr Verhalten und Leben in unterschiedlichsten Situationen. Exemplarisch stellen Sie sich vor: Sie sind zum Mittagessen mit Ihrem Chef verabredet, Volker Kamer kennen Sie schon. Sie gehen öfters mit ihm zum Essen und sind mit seinen Tischmanieren vertraut, bei denen Sie innerlich die Nase rümpfen. Welcher der folgenden Handlungsoptionen stimmen Sie zu, welche lehnen Sie ab?

Situation	ja	nein
A	Sie schauen über die Tischmanieren hinweg und akzeptieren diese.		
B	Sie beschweren sich bei Ihren Kollegen über die Tischmanieren und finden hier eine hohe Zustimmung.		
C	Im privaten Umfeld erwähnen Sie das Verhalten Ihres Chefs.		
D	Direktes und klares Feedback ist Ihnen wichtig, gleich während des Essens weisen Sie Herrn Kamer auf seine Tischmanieren hin.		
E	Sie sprechen Herrn Kamer in einem Vier-Augen-Gespräch auf sein Verhalten an und geben ihm Feedback.		

Auswertung: Mut-Risiko-Verhalten

A + C Ja: Null-Risiko-Typ

Sie leben auf der sicheren Seite. Ihr Verhalten entspricht den Normen und Erwartungen. Als Vorbild können Sie besonders für Kinder gelten, die klare Regeln benötigen, um ihren Handlungsspielraum zu kennen.

D Ja: Nach-mir-die-Sintflut-Typ

Wofür sind Regeln da? Natürlich nicht, um sie zu befolgen. Risikobereitschaft könnte jedoch schnell in Leichtsinn umschlagen. Sie könnten sich und andere gefährden.

A + B + E Ja/D Nein: Goldene-Mitte-Typ

Die Situation reflektierend, mit Blick auf die Vergangenheit und in die Zukunft, schätzen Sie Ihre Möglichkeiten ein. Hier sind Sie realistisch genug, sich selbst gegenüber ehrlich zu sein. Sich mit Kollegen und Freunden austauschen, kann helfen, dass Sie sich klar werden.

Mut im Gespräch

Sie können im Arbeitsumfeld die Tischmanierensituation natürlich erweitern. In unserer Coaching-Praxis kristallisieren sich immer wieder Themen heraus, die in der Kommunikation Mut erfordern. Dies kann sowohl auf einer Ebene sein (Kollegen, Projektpartner etc.) als auch zu einer höheren Hierarchieebene hin (Vorgesetzter, Kunde, Vorstand, Geschäftsführer etc.). Würden Sie in folgenden Gesprächssituationen mutig Feedback geben?

- Ihr Gegenüber vernachlässigt seine Körperpflege. Er riecht öfters nach Schweiß oder extrem nach Parfüm.

- Reste von Lippenstift sind bei Ihrer Gesprächspartnerin auf den Zähnen deutlich sichtbar.

- In Gesprächen säubert Ihr Arbeitskollege seine Fingernägel mit dem Kugelschreiber.

- Die Stimmmodulation ist der Situation unangemessen: Entweder Ihr Gesprächspartner flüstert und nuschelt leise vor sich hin oder er spricht extrem laut.

Mut und Risiko sind im Kontext zu betrachten. Überlegtes Handeln und Agieren könnte vorteilhafter sein, als schnelles „Aus-dem-Bauch-Reagieren".

Beispiel

 In einem weltweit agierenden Beratungsunternehmen gilt in Deutschland das unausgesprochene Gesetz: Steigen Mitglieder der Vorstandsebene in den Aufzug ein, müssen alle Mitarbeiter diesen verlassen.

Klar könnten Sie hier mutig im Aufzug stehen bleiben, ganz nach dem Motto: Jeder Mensch ist gleich, auch der Vorstand kocht nur mit Wasser! Doch wäre dies eine besonders kluge Handlung? Weitblick ist bei mutigen Entscheidungen wichtig, seien Sie sich der eventuellen Konsequenzen bewusst und handeln Sie danach.

Mut-Typ-Test

Entscheiden Sie sich bei den folgenden Fragen für A, B oder C und addieren Sie die Anzahl Ihrer Antworten pro Buchstaben.

Stellen Sie sich vor, Ihr Handeln ist gefordert. Welches Verhalten prägt Sie maßgeblich, bevor Sie agieren?

A   Ich denke nicht groß nach, sondern lasse mich von meinem Bauchgefühl leiten.

B   Erst benötige ich alle Daten und Fakten, um dann abzuwägen. Zeitweise gibt es Situationen, in denen ich nach dem Zufallsprinzip handle.

C   Für mich ist es wichtig, alle Risiken zu kennen, sie detailliert zu analysieren. Bin ich mir sicher, kann ich eine Entscheidung treffen.

Wenn Kollegen und Freunde Sie einschätzen, wie würde das Ergebnis aussehen?

B Ich genieße es, wenn ich meine Handlungsspielräume kenne. Ich muss nicht ständig neue Situationen erleben oder neue Menschen kennenlernen. Vielmehr pflege ich meine Kontakte und werde als eher häuslich beschrieben.

A Voller Begeisterung springe ich in neue Herausforderungen. Langeweile ist nichts für mich. Impulsivität und Enthusiasmus sind Eigenschaften, die meine Kollegen und Freunde an mir schätzen.

C Als genauen Zuhörer empfinden mich meine Zeitgenossen. Bedachtes Handeln, eine hohe Zuverlässigkeit und stilles Agieren im Hintergrund prägen mich maßgeblich.

Im Traum begegnet Ihnen ein Zauberer, er fragt nach Ihrer Zukunft. Welches Szenario begeistert Sie?

C Ganz einfach glücklich sein.

A Auf und davon: Von Süd- bis Nordamerika reisen oder mit einem Indianerstamm leben und dessen Bräuche und Rituale kennen lernen.

B Den Jackpot beim Samstagslotto knacken und keine Sorgen mehr haben.

Sie stehen vor einer Entscheidung, wie treffen Sie diese?

B Bevor ich eine Entscheidung treffe, blicke ich auf mein Bankkonto und schätze die finanzielle Auswirkung und die Konsequenzen für meine Mitmenschen ab.

A   Ich bin erwachsen und lebe mein Leben! Also entscheide ich, was gut für mich ist.

C   Ich treffe meine Entscheidungen natürlich für mich selbst. Dabei ist es mir wichtig, nicht zu egoistisch zu sein.

Auswertung: Mut-Typ

A-Tendenz: Der mutig dreiste Typ

Personen mit A-Tendenz reden nicht um den heißen Brei herum. Die Kommunikation ist direkt und spontan. Sie glauben an ihre Fähigkeiten und gehen mutig und zielstrebig ihre Projekte an. Sind Aktionen einmal durchgeführt oder ist etwas gesagt, gibt es kein Zurück mehr. In der Wahrnehmung anderer wirken A-Tendenz-Personen manchmal egoistisch oder arrogant.

B-Tendenz: Der mutig überlegte Typ

Stärken dieses Typs sind: Mäßigkeit, überlegte Besonnenheit und Ausdauer. Diese Qualitäten verleihen Charakterstärke. Personen dieses Typs wissen, was sie wollen. Durch zu viel Nachdenken erscheinen diese Menschen eher unspontan und eventuell könnte es an jugendlich-dynamischer Frische fehlen.

C-Tendenz: Der vorsichtige Typ

Der vernünftige Charakter dieses Typs vermittelt eher das Gefühl von Sicherheit. Personen mit dieser Ausprägung gehen immer Schritt für Schritt vor und bereiten ihrem Umfeld nur selten Probleme. Ihre Aktionen sind einfach und vernünftig.

Ein Leben voller Risiken ist nicht ihr Ding. Das Leben ist von Routine und Alltag geprägt. Unvorhersehbare Ereignisse aktivieren eher lähmende Ängste als aktives Handeln.

So bauen Sie Ihre Potenziale aus

Je nach Typ tun sich für Sie verschiedene Handlungsmöglichkeiten und Spielwiesen auf, um die Möglichkeiten, die in Ihnen stecken, entfalten zu können.

- **A-Typen:** 5 Minuten Bedenkzeit vor dem Handeln schaden nicht. Spüren Sie, ob sich eigene Ängste melden oder nur mit Aktionismus verdrängt werden. Beachten Sie: Ängste sind Warnzeichen für mögliche Gefahren!
- **B-Typen:** Etwas mehr Spontaneität würde Ihren Mut weiter erhöhen. Also: ab und an verrückte Aktionen riskieren, dem Alltag etwas mehr Pep verleihen und mehr Mut zeigen!
- **C-Typen:** Sie sollten sich ruhig öfter etwas zutrauen, nur so können Sie Erfolgserlebnisse erzielen. Kurz: Aufstehen und wenigstens kleine Risiken eingehen – es steckt viel mehr Potential in Ihnen, als Sie denken!

Meine Mutwurzeln – Blick in die Vergangenheit

„Wir brauchen nicht so fortzuleben, wie wir gestern gelebt haben. Machen wir uns von dieser Anschauung los, und tausend Möglichkeiten laden uns zu neuem Leben ein."
Christian Morgenstern

Unsere persönliche Vergangenheit prägt uns. Sie bestimmt unsere Verhaltensmuster, sie beeinflusst unser Denken, Fühlen und Handeln. Leicht ist dahingesagt: „Lass das Vergangene doch sein, denke an morgen und blicke positiv in die Zukunft!" Vergangenheit lässt sich weder ausschalten wie eine Lampe, noch schnell umprogrammieren. Die Art und Weise, wie wir denken, bestimmt, wie wir uns fühlen und verhalten und wie wir körperlich reagieren.

Das ABC der Gefühle funktioniert so:

- A Situation,

- B Bewertung der Situation als positiv, negativ oder neutral,

- C Gefühle, Körperreaktionen und Verhalten.

Leben Sie im Gestern, Heute oder Morgen? Ob Sie den Augenblick genießen, lieber nach vorn oder zurück blicken, prägt Ihr Lebensgefühl.

Ist Ihr Mut gefordert, hängt es von Ihnen ab, in welche Gefühlslage Sie sich versetzen. Das ABC der Gefühle macht deutlich, dass wir – was auch immer passiert – unsere Gefühle beeinflussen können. A, die Situation, können wir häufig nicht steuern. Wir können jedoch, solange wir denk- und lernfähig sind, bei Punkt B unsere Bewertung verändern. Gleichzeitig heißt das, dass andere keine Verantwortung für unsere Gefühle und wir auch keine Kontrolle über deren Gefühle haben.

Die Vergangenheit kann unseren Mut steuern. Es ist deshalb wichtig, dass Sie sich bewusst sind, welche Ereignisse Ihre Mutwurzeln beeinflusst und somit geprägt haben. Welche verbal geäußerten Sätze und nonverbal vermittelten Gefühle wurden Ihnen in Ihrer Kindheit vermittelt, die es zu hinterfragen gilt?

Als Erwachsener können Sie prüfen, ob Sie geheime Gesetze befolgen müssen. Es geht nicht darum: Mut um jeden Preis zu zeigen! Es geht eher darum, Chancen und Risiken abzuwägen und dann bewusst zu entscheiden. Erinnern Sie sich an das Beispiel mit dem Aufzug und dem Vorstand? Hier können Sie sich fragen: „Wieso befolge ich dieses Gesetz, das vielleicht logisch nicht nachvollziehbar ist?" Gehen Sie auf die Suche in Ihrer Vergangenheit und hinterfragen Sie Ihr Handeln – ist es selbstbestimmt oder erfüllen Sie „alte Aufträge". Hat da vielleicht jemand anderes die Fäden in der Hand? Wer oder was steuert mich?

Tatsächlich sind Regeln, Glaubenssätze, Einstellungen und Haltungen von unseren Eltern, Großeltern und Erziehern übernommen. Regeln sind uns oft nicht bewusst, können aber unseren Mut und somit Lebenserfolg maßgeblich beeinflussen – positiv wie negativ.

Übung: Blick in meine Vergangenheit

Nehmen Sie sich genügend Zeit für diesen Test. Am besten ist, Sie beantworten die Fragen schriftlich und erhöhen die Wirkung, indem Sie in zeitlichen Abständen Ihre Antworten wieder auf sich wirken lassen.

- Versetzen Sie sich in Ihre Kindheit zurück. Wie haben Ihre Eltern Sie behandelt? Wie wurden in Ihrer Familie Schicksalsschläge erlebt und verarbeitet?
- Wie wurde in der Familie mit Misserfolgen umgegangen?

- Empfinden Sie Ihre Erziehung als stärken- oder schwächenorientiert. Schreiben Sie die Ihnen zugeschriebenen Stärken und Schwächen auf.

- An welche prägenden Sätze und Aussagen Ihrer Eltern können Sie sich erinnern?

- Wie wurden Erfolge in Ihrer Familie gelebt bzw. gefeiert?

Entscheidend ist nicht, was unsere Erziehung aus uns gemacht hat. Es kommt darauf an, was wir aus dem machen, was wir mitbekommen haben.

Mein Sicherheits- und Vertrauenslevel

In unserer Kindheit und aufgrund unserer Erfahrungen entwickeln wir eine Grundeinstellung hinsichtlich anderer Menschen. Kleine Kinder haben ein absolutes Vertrauen in die Menschen. Im Laufe der Zeit erfährt und erlebt jedes Kind, dass es enttäuscht wird. Eine Studie von Julian Rotter, Verhaltensforscher an der Universität von Connecticut, verglich eher misstrauische und eher vertrauensvolle Menschen. Hierbei wurden auch Vorurteile gegenüber vertrauensvollen Menschen geprüft. Er fand weder Belege für das Vorurteil, dass vertrauensvolle Menschen dümmer und leichtgläubiger sind als misstrauische, noch dafür, dass vertrauensvolle Menschen häufiger übers Ohr gehauen werden. Es gibt im Gegenteil viele Belege dafür, dass dem, der anderen vertraut, auch Vertrauen entgegengebracht wird oder umgekehrt: Wer anderen misstraut, wird auch häufiger enttäuscht bzw. sieht sich darin bestätigt, dass sein Misstrauen berechtigt war.

Beispiel

 Wenn Ihnen jemand kühl und reserviert begegnet, wie verhalten Sie sich dann? Gehen Sie freudestrahlend auf ihn zu? Die meisten von uns werden ebenfalls abweisend und zurückhaltend reagieren.

Übung: Reflektieren Sie Ihren Sicherheits- und Vertrauenslevel

Basis für mutiges Handeln ist eine hohe Klarheit über Ihre persönlichen Prägungen, Stärken und Schwächen. Erst wenn Sie hinter Ihre persönlichen Kulissen blicken, können Sie mutig und aktiv neue Wege beschreiten. Selbstreflektion ist an dieser Stelle unerlässlich. Aus unserer Coaching-Praxis würden wir sogar sagen, dass Selbstreflektion nie aufhören sollte.

- Sie sollen über sich erzählen: Sprechen Sie eher geringschätzig über sich oder stellen Sie Ihre positiven Seiten in den Vordergrund?

- Trauen Sie sich, bei neuen Herausforderungen ins kalte Wasser zu springen oder vermeiden Sie dies lieber?

- Würden Sie sich anderen Personen gegenüber eher als schüchtern oder offen bezeichnen?

- Sind neue Aufgaben für Sie eher beängstigend oder herausfordernd?

- Vergleichen Sie sich häufig mit anderen und fühlen Sie sich weniger wert?
- Wären Sie gerne jemand anderer?
- Sind Sie eher schnell gereizt und ungeduldig?
- Sagen Sie sich des Öfteren, dass andere alles viel besser können und diese viel beliebter sind?
- Sind Sie schnell frustriert, wenn Ihnen auf Anhieb etwas nicht gelingt und geben Sie rasch auf?
- Suchen Sie ständig nach Bestätigung und Zuwendung?

Ein kleiner Schritt, meinen Sicherheits- und Vertrauenslevel zu erhöhen

Wie war es in Ihrer Kindheit und wie ist es jetzt im beruflichen Umfeld? Konnten Sie stolz über Ihre Erfolge berichten oder rümpfen Sie Ihre Nase, wenn eventuell Ihr Arbeitskollege mit geschwelgter Brust berichtet: „Das Projekt war ein 100 %iger Erfolg! Das habe ich wieder richtig gut hinbekommen!" Eigenlob stinkt! – Denken Sie auch so? Streichen Sie solche Gedanken schnellstens – oder ist die Erde eine Scheibe? Sich selbst anzunehmen, auch wenn man nicht perfekt ist, und seinen Fähigkeiten zu vertrauen, gehört zur Basis eines mutigen Lebens. Eigenlob stimmt! – Klopfen Sie sich stolz auf die Schulter, für Ihre kleinen Alltagserfolge.

Übung: Erfolgstagebuch

Erhöhen Sie Ihren Vertrauenslevel und lernen Sie, Ihre Alltagserfolge bewusst zu erkennen. Schreiben Sie jeden Tag drei

Situationen auf, in denen Sie etwas erreicht haben oder die gut geklappt haben. Kleine Erfolge zählen! Hier einige Beispiele:

- Ich habe das unangenehme Kundengespräch gleich am Morgen geführt.
- Ich habe meinen Standpunkt bei der letzten Diskussionsrunde vertreten.
- Ich habe einen schönen Abend mit meinen Freunden verbracht.
- Ich delegierte eine Aufgabe an den Auszubildenden und habe ihm die Verantwortung wirklich übertragen.

Führen Sie Ihr Erfolgstagebuch mindestens über vier Wochen. Auch die kleinen, eher unbedeutenden Erfolge sind wichtig! Lesen Sie in Ihrem Tagebuch nach, wenn Sie eine Mut- und Motivationsspritze benötigen oder an sich zweifeln. Es bringt Sie auf andere Gedanken.

Meine Risikobereitschaft

Risiko wird subjektiv empfunden. Es gibt zwei zentrale Faktoren, die dieses subjektive Empfinden nähren:

- Furcht = Kontrollverlust, mögliche Auswirkungen, Konsequenzen, Ausgrenzung
- Unbekanntheit = fehlende Erfahrung, Mangel an Wissen, neues Terrain, Furcht vor eventuellen Auswirkungen

Das Ergebnis einer Studie der Universität Bonn zeigte: risikobereite Menschen sind mit ihrem Leben zufriedener. Der Mut,
Risiken einzugehen, ist dabei für verschiedene Lebensbereiche
unterschiedlich hoch.

Im Bereich „Karriere und Beruf" ist man eher geneigt, ein
höheres Risiko einzugehen als z. B. im Straßenverkehr. Kogni-
tive Argumente und der Appell an die Vernunft, die persönliche Risikobereitschaft zu erhöhen, führen nicht zum Ziel.
Statistiken und oft auch eigene Erfahrungen im Freundes-
oder Familienkreis zeigen deutlich: Rauchen ist gesundheits-
schädlich. Trotzdem sterben jährlich 110.000 bis 140.000
Menschen an den Folgen des Nikotinkonsums. Verhaltens-
änderungen werden vielmehr durch nachhaltige Emotionen
ausgelöst, etwa wenn der Arzt eindringlich über die Schäd-
lichkeit des Rauchens informiert und die ganz persönlichen
Risiken aufzeigt. Plattitüden wie „Rauchen ist ungesund." sind
nutzlos. Frauen hören eher auf zu rauchen, wenn sie schwan-
ger sind.

Beispiel

 Techniken, wie z. B. das Anti-Blockier-System in Autos, vermitteln
dem Fahrer das Gefühl von subjektiver Sicherheit. Die Fahrweise
wird deutlich aggressiver und riskanter als ohne ABS. Untersuchungen zeigten, dass auch breite Straßen und eine helle
nächtliche Beleuchtung zu einem riskanten Fahrstil verleiten,
während die Menschen umgekehrt in Tunneln und an unüber-
sichtlichen Kreuzungen besser aufpassen. Fatal ist nur, dass es
uns extrem schwerfällt, Gefahren richtig einzuschätzen. Deshalb
können auch noch so ausgefeilte technische Hilfsmittel Unfälle
nicht vermeiden.

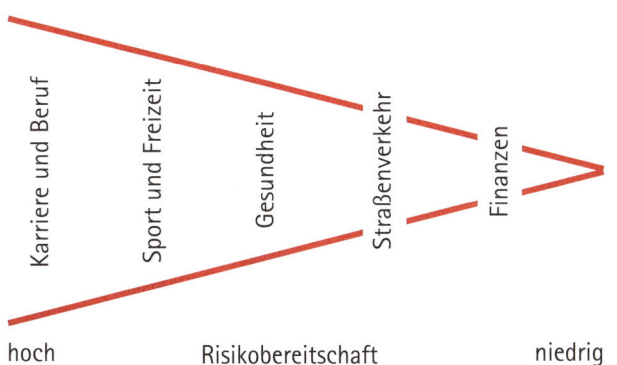

Die Bereitschaft, in verschiedenen Bereichen Risiken einzugehen

Wie hoch ist Ihre Risikobereitschaft entwickelt?

Vergeben Sie zwischen 1 und 3 Punkten, je stärker die Aussage auf Sie zutrifft, desto höher ist die Punktzahl (1 = unzutreffend, 2 = ab und zu, 3 = stimmt voll und ganz).

Situation	Punkte
Entscheidungen fälle ich leicht und stehe dazu.	
Ich trage die Verantwortung für meine Gefühle, andere sind nicht schuld, wenn ich negativ empfinde.	

Situation	Punkte

Nur wenn ich das Ziel vor Augen habe, komme ich beruflich und privat weiter.

Neue Projekte stellen für mich eine spannende Herausforderung dar, die mir Spaß macht.

Ich arbeite hochgradig selbstverantwortlich. Sehe ich eine Arbeit, erledige ich sie unverzüglich und warte nicht darauf, dass ich angewiesen werde.

Bei Dingen, die mir wichtig sind, entwickle ich einen regelrechten Kampfgeist.

Klar kann ich Schwierigkeiten immer überwinden, diese Fähigkeit besitze ich.

Gerne übernehme ich in verfahrenen Situationen die Führung, um eine Lösung herbeizuführen.

Unvorhersehbare Ereignisse erhöhen nicht meinen Adrenalinspiegel.

Ist eine Aufgabe riskant und schwierig, steigt deren Anziehungskraft.

Ich will zu den Leistungsträgern gehören, auf keinen Fall im Mittelmaß verschwinden.

Krisensituationen löse ich ohne Probleme alleine.

Routineaufgaben langweilen mich.

Läuft etwas rund, ist es für mich wenig reizvoll.

Dinge voranzutreiben, unternehmerisch tätig zu sein, erfüllt mich mit Zufriedenheit.

Auswertung: Risikobereitschaft

- **1–15 Punkte**

Sie vermeiden es, Risiken einzugehen. Gerne überlassen Sie es anderen, das Zepter in die Hand zu nehmen. Im Hintergrund zu agieren, ist Ihnen angenehmer. Lieber überlassen Sie anderen den Vortritt, in der ersten Reihe zu stehen. Sie sollten sich überlegen, ob es sich lohnt, die Angst abzulegen. Selbstvertrauen und Kompetenz entwickeln sich nur, wenn Sie Ihre Komfortzone verlassen.

- **16 – 25 Punkte**

Es gibt Bereiche, in denen Sie ein hohes Selbstvertrauen besitzen. Ihre Risikobereitschaft ist im guten Mittelbereich. In bestimmten Situationen geben Sie Verantwortung ab. Sie fühlen sich dann eher überfordert und kommen aus dem Gleichgewicht. Lieber bleiben Sie im bekannten Bereich, ganz nach dem Motto: Einen sicheren Hafen verlässt man nicht. In Ihnen schlummern noch Reserven. Analysieren Sie, welche negativen inneren Überzeugungen Sie hindern, Ihre Risikobereitschaft zu erhöhen. Ersetzen Sie diese durch stärkende Aussagen.

- **26 Punkte und höher**

Ihr herausragendes Talent: hohe Risikobereitschaft! Langeweile, Alltagstrott und feste Arbeitsabläufe stellen für Sie den gelebten Horror dar. Sie übernehmen Verantwortung, wenn Sie tatkräftig immer wieder neue Herausforderungen meistern. Konkurrenz ist für Sie wie die Luft zum Atmen. Ihre

Risikolust könnte Ihre Kollegen oder Teammitglieder überfordern. Achten Sie darauf, manchmal einen Gang runterzuschalten und empathisch auf Ihre Mitmenschen einzugehen.

Meine Stärken-und-Schwächen-Orientierung

Hier ist es wieder: das legendäre Glas Wasser. Ist es für Sie halb leer oder halb voll? Laufen Sie durch die Welt und sehen eher all die Steine, die in Ihrem Weg liegen? Oder nehmen Sie die Steine und bauen daraus etwas?

Beispiel

 Frau Dr. Birte Giehn ist Abteilungsleiterin. Als Marketingspezialistin führt Sie Ihre Mitarbeiter erfolgreich. Die Geschäftsführung ist hoch zufrieden mit Dr. Giehn, da sie maßgeblich dazu beigetragen hat, das Spannungsfeld zwischen den Abteilungen Vertrieb und Marketing aufzulösen. Trotz all der positiven Rückmeldungen und geschäftlichen Erfolge zweifelt Frau Dr. Giehn an ihren Fähigkeiten. Im Coaching wird erarbeitet, dass sie selbst denkt: „Es ist Zufall, dass ich so erfolgreich bin, eigentlich müsste es doch bald auffallen, dass ich gar keine so ausgeprägte Kompetenzen besitze."

In unserem Kulturkreis wird eher auf Schwächen als auf Stärken geachtet. Wie viele Menschen kennen Sie, die sich auf ihre Schwächen konzentrierten und damit erfolgreich geworden sind?

- War es eine Schwäche von Bill Gates (Gründer von Microsoft) sein Informatikstudium abzubrechen, ebenso wie Mark Zuckerberg (Gründer von Facebook)?

- Betrachtet es Michael Schuhmacher als Schwäche, nie studiert zu haben?
- Könnte Hubert Burda als promovierter Kunsthistoriker einen großen Verlag leiten, wenn er es als Schwäche betrachten würde, kein Wirtschaftsstudium absolviert zu haben?

Was können Sie daraus ableiten?

- Konzentrieren Sie sich auf Ihre Stärken! So unterstützen Sie diese und werden erfolgreicher.
- Akzeptieren Sie Ihre Schwächen! Verschwenden Sie nicht zu viel Energie und Zeit, sie zu beseitigen, sonst verpassen Sie Chancen und Möglichkeiten.

In der Schule wird ein breites Grundwissen vermittelt. Fehler bedeuten Schwächen, sie werden gezählt und bestraft – mit schlechten (!) Zensuren. Mit diesem Ansatz wird das Misserfolgsbewusstsein anerzogen und kultiviert. Der Spaß am Lernen wird auf diese Weise rasch und gründlich vertrieben. Zudem führt die Angst vor Negativkonsequenzen zu einer Fehlervermeidungsstrategie, nicht zu einem neugierig-kreativen Streben nach Weiterentwicklung.

Nehmen Sie Ihre Stärken wahr!

- Legen Sie Ihr Stärken-Tagebuch an. Jede Nacht, bevor Sie zu Bett gehen, überlegen Sie, welche Stärken-Erlebnisse Sie heute erlebt haben. Notieren Sie diese in kurzen Sätzen.

- Sammeln Sie Zettel, Briefe, E-Mails, mit denen Freunde, Bekannte, Kolleginnen oder Vorgesetzte sich bei Ihnen bedankt haben. Legen Sie diese in einen extra Ordner. Auch Fotos und Urkunden – oder sonstige visuelle Erinnerungen an Ihre Leistungen können Sie darin aufbewahren. Schauen Sie von Zeit zu Zeit hinein!

- Fertigen Sie eine „Positivliste" an. Darin tragen Sie alle Aufgaben ein, die Sie – ob beruflich oder privat, an Ihrem Arbeitsplatz oder in der Familie – trotz größerer Schwierigkeiten und schwer zu überwindender Hindernisse bewältigt haben. Beim Lesen dieser Liste stellen Sie fest, wie Ihre Persönlichkeit in den letzten Wochen und Monaten gewachsen ist.

Effekt dieser Übung: Sie erkennen Ihre persönlichen Stärken und eigenen Vorzüge – eine Grundvoraussetzung für Mut!

> **Stärken** sind Fähigkeiten, Kenntnisse, Erfahrungen, Wissen und Kompetenzen, die verhältnismäßig stark ausgeprägt sind.

Das Glas ist aber halb leer!

Nun könnte es sein, dass Sie es bevorzugen, Ihre Schwächen zu reduzieren. Natürlich gibt es unterschiedliche Strategien, wie Sie damit umgehen können.

Wenig hilfreiche Strategien	Hilfreiche Strategien
• Sie hadern Ihrer Schwächen wegen mit dem Schicksal.	• Sie nehmen die Schwäche an und sehen sie als einen Teil von Ihnen

Wenig hilfreiche Strategien	Hilfreiche Strategien
- Sie lehnen diesen Teil von Ihnen ab und hassen ihn.	unter vielen anderen Qualitäten.
- Sie lehnen sich wegen dieser Schwäche ab und betrachten sich als minderwertig.	- Sie überlegen sich, wie Sie die Schwäche in eine Stärke umwandeln können, und unternehmen konkrete Schritte dazu.
- Sie geben anderen die Schuld daran, dass Sie diese Schwäche besitzen.	- Sie geben dieser Schwäche einen Sinn in Ihrem Leben.
- Sie betäuben den Schmerz über die Schwäche mit Alkohol oder anderen Suchtmitteln.	- Sie überlegen, wie Sie die Schwäche begrenzen können.
- Sie flüchten sich in Selbstmitleid und Depressionen.	- Sie lenken Ihren Blick auf Ihre Stärken.
- Sie bauen Neid und Hass auf Menschen auf, die die Schwäche nicht haben.	- Sie tun sich mit anderen zusammen, die ebenfalls diese Schwäche haben und unterstützen sich gegenseitig.
- Sie versetzen sich in ständige Anspannung.	- Sie verzeihen denen, die dazu beigetragen haben, dass Sie diese Schwäche haben.
- Sie haben Angst, dass andere Ihre Schwäche erkennen und Sie ablehnen könnten.	

Wenig hilfreiche Strategien	Hilfreiche Strategien
• Sie nehmen sich viel Spaß und Entwicklungsmöglichkeiten und vermeiden bestimmte Situationen – aus Angst davor, die Schwäche könnte zum Vorschein kommen.	• Sie sehen die Schwäche als Ansporn und besondere Aufgabe in Ihrem Leben. • Sie gehen ein Risiko ein, wagen Neues und testen immer wieder einmal, wie stark Sie Ihre Schwäche noch eingrenzt. • Sie suchen sich Vorbilder, die die Schwäche überwunden haben, und ahmen diese nach.

Mutig zu meinen Stärken stehen!

Sollten Sie es sich anders überlegen und lieber Ihre Stärken weiter ausbauen, ist die folgende Übung ein hilfreiches Instrument für Sie.

Übung: Stärken-Analyse

Bitte beantworten Sie die Fragen zunächst alleine schriftlich. Hilfreich ist im zweiten Schritt, wenn Sie diese Übung mit einer vertrauten Person durchführen. Ihr Gesprächspartner liest Ihnen die Fragen vor und Sie gehen ausführlich darauf ein. Schalten Sie Ihre Wahrnehmungskanäle und Gefühle auf besonderen Empfang.

- Welche Gefühle lösten die Situationen, in denen meine Stärken gefragt waren, bei mir aus?

- Was war mein Beitrag dazu?

- Welche Prüfungen habe ich bisher erfolgreich abgelegt?

- Über welche Qualifikationen verfüge ich? Wo liegen meine besonderen Stärken?

- Sind die an mich gestellten Anforderungen gestiegen? Wurden meine Kompetenzen und mein Verantwortungsbereich erweitert?

- Wie viele Projekte, die ich ursprünglich für (zu) schwierig hielt, habe ich gemeistert?

- Habe ich neue Kolleginnen, Kollegen, Auszubildende angelernt?

- Bei welchen Aufgaben, die ich in letzter Zeit erledigt habe, gab es ein positives Feedback?

- Wie oft habe ich schon gehört: „Ich danke Ihnen für Ihre Hilfsbereitschaft, Ihre Geduld, Ihren Rat"?

- Durch welche Leistungen habe ich mich um das Unternehmen verdient gemacht?

Bei diesen Fragen liegt der Fokus auf dem beruflichen Umfeld. Selbstverständlich können Sie auch mit einem privaten Fokus die Fragen beantworten.

Auf einen Blick: Wie mutig bin ich? Mut-Analyse

- Werden Sie sich klar darüber, wie viel Risiko Sie eingehen wollen und wie viel Mut Ihnen entspricht. Sie können dann Ihre Potentiale Ihrem Typ gemäß ausbauen.

- Erlebnisse und Gefühle aus der Kindheit beeinflussen unsere Gegenwart und die Sicht auf uns selbst. Als Erwachsene können wir diese Einflüsse hinterfragen und uns davon befreien, wenn sie uns im Weg stehen.

- Die Situationen, in die wir geraten, lassen sich nicht beeinflussen, wohl aber unsere Gefühle dazu. Wie wir eine Situation bewerten, liegt völlig in unserer Hand. Dies gilt es zu nutzen.

- Wer anderen misstraut, wird auch häufiger enttäuscht. Prüfen Sie deshalb Ihre Fähigkeit zu vertrauen.

- Erhöhen Sie Ihren Vertrauenslevel auch sich selbst gegenüber. Bewerten Sie Ihre Erfolge positiv und loben Sie sich dafür.

- Risikobereite Menschen sind mit Ihrem Leben zufriedener. Bauen Sie Ihre Risikobereitschaft aus.

- Die eigenen Stärken weiterzuentwickeln, bringt mehr Erfolg, als an den Schwächen zu arbeiten. Nehmen Sie Ihre Stärken wahr und akzeptieren Sie, dass jeder Mensch Schwächen besitzt – auch Sie!

Blockaden und Hindernisse – vom Problem zur Lösung

Sie haben nun genau analysiert, wie Sie reagieren, wenn es darum geht, Mut zu zeigen. Somit sind Sie bestens vorbereitet, aktiv gegen Blockaden und Hindernisse vorzugehen.

In diesem Kapitel lesen Sie,

- wie Sie Ihr Selbstbewusstsein gezielt stärken,
- wie Sie der Gewohnheitsfalle entkommen und es wagen, Neues auszuprobieren,
- wie Sie Stressoren reduzieren und Ihre Ängste besiegen.

Das Selbstbewusstsein aufbauen und stärken

„Ich bin mir meiner selbst bewusst" bedeutet: Ich kenne meine Stärken und Schwächen. Ich weiß, worauf ich stolz sein kann. Genauso weiß ich, in welchen Situationen ich stolpere und meine Schwächen sichtbar werden. Kennen Sie Menschen ohne Schwächen? Es gibt allenfalls Menschen, die von sich denken, keine Schwächen zu besitzen. Sie lassen keine Fehler zu oder vertuschen diese.

Unser Selbstbewusstsein stützt sich auf zwei Säulen: Selbstvertrauen und Selbstwertgefühl. Beide Säulen beruhen darauf:

- was Sie von sich denken und
- wie Sie Ihre persönlichen Stärken und Schwächen wahrnehmen.

Beispiel

Stefanie Riesche, Geschäftsführerin eines mittelständischen Dienstleistungsunternehmens, präsentiert potentiellen Kunden das Angebot des Unternehmens. Mit ihren Mitarbeitern hat sie dafür detailliert die PowerPoint-Folien vorbereitet. Auch ein Coaching für Vorführtechniken hat sie besucht, um ihr Lampenfieber in den Griff zu bekommen. Bei der Präsentation läuft alles wie am Schnürchen. Bis zu dem Zeitpunkt, an dem der Beamer des Kunden versagt und Frau Riesche frei vortragen muss.

Wie würden Sie in dieser Situation reagieren? Hätten Sie sich innerlich geschämt oder verurteilt oder hätten Sie mit einem kleinen Witz auf den Lippen Ihre Präsentation fortgesetzt? Im

Coaching-Alltag erfahren wir täglich, wie Klienten sich selbst anklagen. Nur wenige sind gnädig mit sich. Verblüffend ist, wie sich diese „Selbstanklagestrategie" durch alle Hierarchie- ebenen zieht, vom Angestellten bis hin zur Top-Führungskraft. Denken Sie an Dr. Birte Giehn aus dem Beispiel im Kapitel „Stärken-Schwächen-Orientierung". Die Wurzeln liegen in zwei dominanten Ängsten, die bei sichtbaren Fehlern oder Schwächen (unbewusst) aktiviert werden:

- die Angst vor Versagen
- die Angst vor Ablehnung

Diese rauben einem eine Menge Kraft und Energie. Das kann soweit führen, dass das aktive Handeln völlig zum Erliegen kommt. Auch übersteigerte Prüfungsängste, das Gefühl plötz- lich einen leeren Kopf zu haben und die Situation nicht mehr in den Griff zu bekommen, resultieren daraus.

Selbstbewusstseins-Test

Entscheiden Sie, ob die folgenden Aussagen vollkommen (3 Punkte), überwiegend (2 Punkte), teilweise (1 Punkt) oder überhaupt nicht (0 Punkte) auf Sie zutreffen:

Situation	Punkte
Ich sage erst etwas, wenn es Hand und Fuß hat.	
In neue Teams zu kommen, stellt eine große Herausforderung für mich dar.	
Meinem Vorgesetzten würde ich nie ins Wort fallen.	

Situation	Punkte

Aktiv eine Gehaltserhöhung einzufordern, liegt mir nicht.

Lieber erledige ich alles selber, um andere nicht um einen Gefallen bitten zu müssen.

Emotionen sind für mich tabu am Arbeitsplatz, meine Kollegen sollen nicht merken, ob ich ärgerlich bin oder enthusiastisch.

Bei Preisverhandlungen gebe ich schnell nach.

Das bestellte Essen ist kalt. Ich beschwere mich nicht und übergehe diese Unannehmlichkeit.

Ich vermeide es, vor Gruppen zu präsentieren oder das Wort zu ergreifen.

Komplimente und Lob zu meiner Person machen mich eher verlegen als stolz.

Situationen, in denen ich mich hilflos oder machtlos fühle, kenne ich kaum.

In der Museumsführung stehe ich lieber in der Gruppe, als nah beim Referenten.

Auswertung: Selbstbewusstseins-Test

■ 36 – 24 Punkte

„Nur nicht auffallen, weder positiv noch negativ!" Dieser Wunsch prägt Ihre Grundhaltung. Denken Sie daran: Sie sind nicht mit mangelndem Selbstbewusstsein auf die Welt gekommen, sondern haben es sich erst angeeignet. Ihr Körper signalisiert oft eine Habachtstellung: Schweißausbrüche, ein Kloß im Hals und stammelnde Sätze lähmen Sie. Überlegen Sie, ob Sie wirklich Angst haben müssen und was Ihnen im schlimmsten Fall passiert. Fangen Sie mit kleinen Schritten an und überfordern Sie sich nicht. Ein Vorbild könnte Ihnen als „Nachahmungsmodell" dienen.

- **23 – 11 Punkte**

Sie fahren mit der sprichwörtlich angezogenen Handbremse. Trauen Sie sich ruhig mehr zu, Sie besitzen gute Anlagen. Ihre Hemmungen, Unsicherheiten und Ängste sind erlernte Gefühle. Sie sind bereits einen ersten Schritt in eine neue Richtung gegangen, indem Sie sich mit Ihrem Selbstbewusstsein aktiv auseinander setzen. Stärken Sie es mit bewussten Herausforderungen und überlegen Sie: Wann sind Sie das letzte Mal abgelehnt worden oder haben versagt?

- **10 – 0 Punkte**

Kaltes Wasser existiert für Sie nicht. Geht nicht, gibt's nicht! Egal, welche Herausforderung ansteht, Sie gehen mit forschen Schritten voran. Doch Vorsicht: Sie könnten arrogant wirken oder als jemand, der vorschnell Probleme vom Tisch wischt.

Seien Sie gnädig mit sich!

Beispiel

Wie lernten Sie laufen und diesen motorischen Meilenstein in Ihrem Leben zu legen? In vier Stufen: hochziehen und festhalten, seitwärts entlanghangeln, sicher stehen, einen Fuß vor den anderen setzen und bremsen, ohne hinzufallen. In diesem Lernprozess waren Sie hochgradig motiviert von der Außenwelt (Eltern) und aus Ihrem Inneren, immer wieder einen Versuch zu starten und zu trainieren, bis Sie es konnten.

Also – seien Sie gnädig mit sich selbst, wenn Sie mutig Dinge angehen oder ausprobieren. Motivieren Sie sich selbst. Es gilt, Freundschaft mit den „inneren Kritikern" zu schließen und sie anzunehmen, ihnen aber auch nicht die Dominanz zu überlassen. Sprechen Sie mit sich, als wären Sie Ihr bester Freund. Sie machen diesen auch nicht permanent „zur Schnecke", wenn Ihnen Fehler auffallen, sondern akzeptieren und schätzen ihn gerade wegen der Fehler. Gute Freunde unterstützen sich, motivieren und schenken ein offenes Ohr bei Problemen oder in Lebenskrisen. Seien Sie sich Ihr bester Freund! Wie können Sie dies aktiv unterstützen?

Übung ohne Grenzen: Mein inneres Freunde-Programm

Diese Übung ist immer wieder anzuwenden, deshalb „ohne Grenzen". Denken Sie ans Laufenlernen, nur kontinuierliches Üben brachte Sie zum Erfolg und somit zum Ziel.

- Blicken Sie in den Spiegel und lächeln Sie sich mindestens 30 Sekunden lang an, so als würden Sie Ihren besten Freund nach längerer Zeit wieder sehen. Lächerlich? Nein, Ihr Gehirn entwickelt Anti-Stress-Hormone. Ihr Lächeln wirkt „entstressend" nach dem Motto: „Lächeln ist die beste Medizin."

- Loben Sie sich für Ihre kleinen Schritte. Denken Sie an den langen Lernprozess „Laufen". Loben Sie sich für Ihre kleinen Alltagserfolge.

- Stoppschild aktiv einsetzen! Bremsen Sie Ihre inneren Kritiker, wenn sie mit allzu harschen Botschaften auf Sie „einhacken". Verwenden Sie stärkende Aussagen. Behandeln Sie sich so, wie Sie ein Kind unterstützen, wenn es laufen lernt.

- Nonverbale Signale senden! Fester Händedruck, aufrechte Haltung, Blickkontakt zulassen – besonders in Stresssituationen. Nur wenn Sie aktiv einen Schritt aus Ihrer inneren „Anklagehaltung" gehen, können Sie weiter in Ihrer Außenwelt voranschreiten.

> „Wer arbeitet, macht Fehler, wer viel arbeitet, macht viele Fehler, und wer keine Fehler macht, ist ein fauler Hund." Elmar von Lukowicz, Betriebsleiter Uniroyal

Die Gewohnheitsfalle – Neuland beschreiten

Der Mensch ist ein Gewohnheitstier. Gewohnheiten lassen sich bekanntermaßen nur schwer verändern. Aus psychologischer Sicht ist die Methode der Wahl ein Cocktail mit den Zutaten:

- Istanalyse: negative Gewohnheit identifizieren
- Sollzustand: gewünschtes Verhalten genau definieren

- Aktion: Umsetzung so konkret wie möglich planen, Puffer zulassen
- Das Geheimnis des Erfolges: üben, üben, üben … Es braucht einfach Zeit, bis sich eine neue Gewohnheit etabliert.

Gewohnheiten haben eine große Berechtigung in unserem Leben. Sie erleichtern den Arbeitsalltag, das Zusammenleben, Interaktionen. Stellen Sie sich vor, wie Sie als Fahranfänger im Straßenverkehr agierten. Die ersten Stunden im Auto mit dem Fahrlehrer an Ihrer Seite und all den anderen Autos rundherum forderten Ihre volle Konzentration. Und jetzt? Wahrscheinlich hören Sie lässig Musik, telefonieren nebenher und schlichten vielleicht noch parallel den Streit Ihrer Kinder auf der Rückbank. Autofahren ist zur Gewohnheit geworden und diese Gewohnheit macht Sinn. Unsere Gewohnheiten lassen sich in drei Kategorien einstufen:

- Denkgewohnheiten: Wie bewerte ich mich, gut/schlecht? Wie stehe ich zu Ordnung/Unordnung, Pünktlichkeit …?
- Gefühlsgewohnheiten: Bin ich die Ruhe in Person oder ärgere ich mich schnell über etwas, fühle ich mich eher abgelehnt oder eher angenommen?
- Verhaltensgewohnheiten: Wippe ich bei Präsentationen mit einem Fuß, kaue ich an den Nägeln, wie sitze ich und schlage die Beine über?

Das Angenehme an Gewohnheiten: Sie kosten keine erhöhte Energie. Wie selbstverständlich laufen sie ab. Ganz automatisch schreiben und essen Sie, begrüßen Ihre Kollegen, sitzen in Ihrem Büro und erledigen 1.000 kleine Alltagsdinge mehr. Werfen Sie Gewohnheiten erst dann mutig über Bord, wenn Sie Nachteile in sich bergen. Beachten Sie dabei bitte: Störende Denk-, Gefühls- oder Verhaltensweisen lassen sich nicht von heute auf morgen neu programmieren. Das wäre so, als müssten Sie von jetzt an sofort linkshändig schreiben, wenn Sie Rechtshänder sind, und umgekehrt. Dieses Umlernen funktioniert erst dann, wenn Sie ein klares „Muss" spüren.

Der Kreis der Gewohnheiten

Sicher und zufrieden leben wir in unserem individuellen Kreis der Gewohnheiten, außerhalb des Kreises fängt das Neuland an. Die Grafik unten zeigt Ihnen, wie dieser Kreis wirkt.

Im Inneren liegt Ihre bekannte Welt, ein vertrautes und berechenbares Umfeld. Sie wissen, wie Sie handeln müssen und können Ihren Erfahrungsschatz nutzen. Außerhalb des Kreises befinden sich Risiken und Chancen zu gleichen Teilen. Auf der Kreislinie sitzt die Gegenwart. Hier rufen Ihnen zwei kleine – meist innerliche – Teufelchen „Bremsbotschaften" zu. Das Gewohnheits-Teufelchen ruft deutlich und laut: „Verlasse Deinen Kreis nicht, hier ist alles überschaubar, wir wissen genau, was passieren wird. Auch ohne uns zu verändern, bewältigen wir Unvorhersehbares. Bleib' drin!" Das Rechtfertigungs-Teufelchen stimmt in den Kanon mit ein: „Das kannst Du nicht riskieren. Das hast Du schon so oft probiert, es war nie erfolgreich. Denk' an Deine Kollegen, Familie, Freunde ...!" Unbekanntes, Unberechenbares und Ungewohntes liegen außerhalb des Kreises der Gewohnheiten in der Zukunft. Nur hier können Sie sich entwickeln. Die anfänglichen Ängste gehören zwangsläufig dazu.

Der Kreis der Gewohnheiten: Chance und Risiko stehen 50:50

„Ich glaube an das Pferd. Das Automobil ist nur eine vorübergehende Erscheinung." Kaiser Wilhelm II. (1859–1941)

Checkliste: Mutig in die Zukunft

Lassen Sie die letzten zwölf Monate Revue passieren: Welche Projekte, Erfahrungen, Ereignisse erlebten Sie (= Vergangenheit), in denen Gewohnheiten „Regie führten"? Wie wirkten sich diese konkret auf Ihre Gegenwart aus und was könnte in der mutigen Zukunft liegen?

Ereignis	Vergangen- heit	Gegenwart	Zukunft
Beispiel Weihnachts- fest im Kreis der Groß- familie	Großfami- lientreffen als „Pflicht- termin"	Das jährliche Ritual „Weih- nachtsfest" wird als Last empfunden.	Selbst ent- scheiden, wie ich das Weihnachts- fest verbrin- gen möchte, mit dem Risiko „Familien- gesetze" zu brechen.
Eigenes Ereignis:			

Ab wann sollten Sie sich überlegen, Gewohnheiten abzulegen und mutig in die Zukunft zu gehen? Entscheidend ist die Frage: Bringt die neue Gewohnheit wirklich ein Mehr an Energie, Freiheit und Freude in mein Leben? Will ich lieb gewonnene Gewohnheiten ablegen? Sie benötigen Durchhal- tevermögen und Frustrationstoleranz. Mit Training können Sie in Ihrem Verhalten neue Gewohnheiten platzieren.

Beispiel

Der erfolgreiche Fußballbundesliga-Trainer Ralf Rangnick gab im Oktober 2011 seinen Coach-Posten beim FC Schalke ab. Ein Burn-out-Syndrom führte zu dieser weitreichenden Entscheidung. Es spricht für großen Mut, dieses Thema so offensiv anzugehen und in den Medien zu platzieren. Es zeigt sich daran auch, dass wir Denken und Handeln dann ändern, wenn wir eine Krise durchleben und feststellen, dass wir so nicht weiterleben können, da der Leidensdruck zu groß ist.

Der Stress – Durchblick bewahren, Stressoren reduzieren

„Die Arbeit stresst mich so, meine Kinder sind absolut stressig, die bevorstehende Geburtstagsparty ist Stress pur für mich ..." Sind Ihnen solche oder ähnliche Aussagen vertraut? Vom Kind bis zum Senior kennt fast jeder Stress in vielen Lebensbereichen. Stress wirkt sogar in „Ruhe- bzw. Tankbereiche" wie Freizeit oder Urlaub. Was ist eigentlich Stress? Der Begriff kommt aus dem Lateinischen und bedeutet anspannen.

Stress ist Ihr subjektives Empfinden. Ihre Sichtweise auf die Dinge und Ihre Wahrnehmung bestimmen Ihren Stress. Sie sind der Schiedsrichter über Ihr Stressempfinden.

Stress entsteht, wenn eine Situation erlebt wird, die als überfordernd empfunden wird, z. B.: Angst vor einer Prüfung, die bevorstehende Präsentation vor der Geschäftsführung oder der angekündigte Besuch der Schwiegermutter. Stress kann aber auch die Rolle eines Statussymbols übernehmen. Der volle Terminkalender, die Hetze von einem Meeting zum nächsten, ständige Erreichbarkeit über Handy und E-Mails signalisieren: „Ich bin wichtig und werde überall gebraucht." Sich „gestresst zu fühlen" gehört zum guten Ton in unserer Arbeitswelt. Berufe, in denen mutig, schnell entschieden werden muss, die eine hohe Planungsunsicherheit besitzen, aktivieren das individuelle Stressempfinden schneller. Ein Notarzt, Pilot oder Lehrer spürt Stress wahrscheinlich eher als ein Gärtner, Yogalehrer oder Feng-Shui-Berater. In einer dauerhaft belastenden, stressigen Situation Mut zu entwickeln, fordert Sie besonders heraus. Stress ist per se nicht „schlecht". Da Stress körperlich empfunden wird, ist er unsere Warnlichtanlage und signalisiert: Achtung! Blinkt das Warnlicht permanent, wirkt Stress schädlich.

Warnlicht-Test

Bitte kreuzen Sie an, welche Situationen Ihr Arbeits- und Privatleben bestimmen:

Situation	
Mein Arbeitsalltag wird durch Termindruck, Zeitnot und Hetze bestimmt.	
Mein Vorgesetzter ist eher eine Last als eine Stütze.	
Ich neige zu Ungeduld und ärgere mich schnell.	
Ärger mit Kunden steht auf der Tagesordnung.	
Ich werde leicht abgelenkt, z.B. durch Lärm, Großraumbüro, ständiges Telefonklingeln.	
Im Urlaub bin ich für wichtige Kunden oder Kollegen erreichbar. Meine E-Mails lese ich täglich.	

Ich stehe oft im Stau.

Meine Familie kostet mich eher Kraft, als dass ich sie als Ruhepol empfinde.

Ich leide des Öfteren an Schlafschwierigkeiten, Kopf-, Rücken- oder Bauchschmerzen.

Öfters erlebe ich ungerechtfertigte Kritik.

Haben Sie mehr als vier Kreuze in Ihrem Warnlicht-Test? Dann reduzieren Sie erst Ihre Stressoren, sonst kann es passieren, dass Sie in zusätzlichen Mut-Stress verfallen! Das Scheitern wäre programmiert und der Mut verpufft im Alltag.

Innere und äußere Stressoren

Sind Sie sich Ihrer Stressoren bewusst, können Sie sie aktiv abbauen. Innere Stressoren sind persönliche Denkmuster, die Ihr Leben bestimmen. Es sind Ihre eigenen, oft diffusen Gefühle:

- hohe Ansprüche
- unerfüllte Wünsche
- eigene Erwartungen
- übersteigertes Verantwortungsbewusstsein
- Perfektionismus

Äußere Stressoren finden Sie in:

- Straßenlärm, Verkehrsstau, Wartezeiten
- schlechtes Wetter, Kälte oder Hitze
- Schmerzen
- ständige Musikberieselung
- Zeit- und Termindruck
- zu viel Arbeit, schwierige Aufgaben
- neue Methoden und Maschinen
- Unterforderung/Langeweile
- Ärger mit Kollegen, unfreundliche Kunden
- drohender Verlust des Arbeitsplatzes

Die äußeren Stressoren lassen sich leichter identifizieren als die inneren. Klar, es ist einfacher, in der Außenwelt die Schuldigen zu finden, bei Vorgesetzten, Kollegen oder der Familie. Das Praktische an den äußeren Stressoren ist: Sie bekommen sie, mit einem effektiven Einsatz von Zeit und Energie, leichter in den Griff.

Beispiel

 In zwei Wochen präsentiert Dr. Reiner Rimmersgard seine neue Marketingstrategie dem Top-Kunden. Sein Ziel ist es, den Kunden weiter an das Unternehmen zu binden. Parallel muss die Weihnachtsfeier für seine Abteilung geplant werden. Für Dr. Rimmersgard gilt es aber, alle Kraft, Zeit und Energie auf die Präsentation zu verwenden. Doch wie soll er dann gleichzeitig die Feier im Team organisieren? In dieser Situation fühlt er sich überfordert und gestresst.

Rational betrachtet lässt sich das Problem von Dr. Rimmers-gard leicht lösen: Dem wichtigeren Projekt wird mehr Energie gewidmet und die Weihnachtsfeier lässt er von einem Mit-arbeiter organisieren. Delegiert Herr Rimmersgard die Weih-nachtsfeier, besteht aber das Risiko, dass sie seinem Perfek-tionsanspruch nicht genügt. Stressauslöser sind meist innere Haltungen, die es zu hinterfragen gilt.

Gefühle lassen sich nicht ohne Weiteres auf Knopfdruck ausschalten oder neu programmieren. Zu den inneren Stres-soren gehört alles, was sich im Kopf und im Gefühlsleben abspielt. Dinge also, die mit der Lebenseinstellung, bestimm-ten Gedankenmustern und Glaubenssätzen zu tun haben, welche einem oft selbst nicht klar sind. Dazu gehören der Perfektionismus und das Gefühl, alles hundertprozentig ma-chen zu müssen – Fehler sind nicht erlaubt. Oft ist damit ein Kontrollzwang verbunden, durch den man die Dinge nie wirk-lich zu Ende bringt. Hand in Hand damit geht oft die Schwie-rigkeit, sich zu entscheiden und hinter Entscheidungen einen Punkt zu setzen. Ein weiterer innerer Stressor ist die über-triebene Hilfsbereitschaft und die Unfähigkeit, „Nein" zu sagen. Wollen Sie Ihre inneren Stressoren reduzieren oder neu programmieren? Eine große Portion Mut ist dazu not-wendig, da Sie mit dem Widerstand Ihrer Umwelt rechnen müssen. Jedes neue Verhalten irritiert zunächst, nicht nur Sie, sondern auch all die, mit denen Sie zu tun haben.

Übung: Meine inneren Stressoren bewältigen

1. Schritt: Analyse

Reflektieren Sie folgende Fragen und gehen Sie auf Spurensuche:

- Notieren Sie konkrete Situationen, die in letzter Zeit Stress bei Ihnen auslösten.

- Wählen Sie die drei Top-Stressreize aus.

- Welche Anforderungen führen zum Stress?

- Fehlen mir persönliche Kompetenzen, wenn ich diese Aufgaben erledige?

- Was unternehme ich, um mir diese Kompetenzen anzueignen?

2. Schritt: Kopfarbeit gegen Stressoren

Jetzt geht es ans „Eingemachte". Es gilt nun, stärkende innere Botschaften zu formulieren und Ihr Denken darauf auszurichten. Formulieren Sie diese Botschaften positiv um:

- Ich werde das niemals schaffen.

- Keiner mag mich.

- Allen muss ich es recht machen.

- Ich muss alles perfekt bewältigen.

3. Schritt: Klein beginnen!

Körperlicher Ausgleich ist wichtig beim Stressabbau. Klar gilt es, den inneren Schweinehund zu überwinden, doch fangen Sie lieber klein, dafür aber sofort an. Nach der Mittagspause einen kurzen Spaziergang machen, ist der erste Schritt in die „Weniger-Stress-Richtung".

Die Ängste – so können Sie sie besiegen

Ängste sind hässliche Begleiter: Sie blockieren, bremsen und steigern Stress. Ängste sind menschliche Warnmechanismen und dienen dem Selbsterhalt. Treten Bedrohungen auf, werden sie eingeschaltet. Hier ist die Angst eine hilfreiche, natürliche Kraft. Werden die Angstgefühle massiv und wirken lähmend ohne sichtbaren Grund bzw. Auslöser, handelt es sich nicht mehr um „normale Angst", sondern um Angststörungen. Ängste gibt es viele, nicht jede ist eine krankhafte Störung. Die lassen sich übrigens gut behandeln. (Holen Sie sich dazu professionelle Hilfe von ausgebildeten Ärzten und Therapeuten.) Ängste, die Sie behindern, jedoch nicht in Lähmung oder Depression stürzen, sind erst zu objektivieren, um sie dann zu minimieren.

Wie Sie sich Ihren Ängsten stellen

Es gibt die verschiedensten Ängste. Einige Beispiele seien hier genannt:

- Die Angst, abgelehnt zu werden, führt dazu, Bedürfnisse nicht zu äußern und seine Meinung zu verschweigen.

- Die Angst, seine Umwelt zu enttäuschen, fördert das Jasagen und verhindert das Neinsagen.

- Die Angst vor Fehlern führt zu einem übertriebenen Perfektionismus. Neue Aufgaben sind überfordernd und werden eher nicht angegangen.

- Die Angst vor Auseinandersetzungen und Streit mündet in die „Fähnchenstrategie". Bevor ich zu meiner vielleicht nicht akzeptierten Meinung stehe, gebe ich sie lieber auf, um Konflikten aus dem Weg zu gehen.

Die folgenden Tipps dienen dazu, die negativen Folgen „normalen" Angstverhaltens zu reduzieren und Mut zu gewinnen. Sie können Ihre Ängste nur besiegen, indem Sie sich diese überhaupt einmal eingestehen.

- Schreiben Sie Ihre Ängste auf. Wovor haben Sie Angst? Machen Sie eine genaue Liste.

- Fühlen Sie Ihre Angst. Sie haben sich eingestanden, dass Sie Angst haben, aber Sie haben immer noch Angst? Fragen Sie sich, was das Schlimmste ist, was Ihnen passieren kann.

- Seien Sie im Hier und Jetzt! Jede Angst ist eine Angst, die auf die Zukunft gerichtet ist. Wir machen uns Sorgen um etwas, das passieren könnte. Denken Sie nicht an die Zukunft! Denken Sie nicht an die Vergangenheit! Konzentrieren Sie sich auf die Gegenwart!

- Gehen Sie kleine Schritte! Tun Sie das, was Sie kennen und jetzt schon machen können. Etwas, worin Sie sich sicher fühlen.

- Fühlen Sie, wie Sie langsam voranschreiten, und machen Sie noch einen kleinen Schritt! Belohnen Sie sich für Ihre kleinen Erfolge.

Auf einen Blick: Blockaden und Hindernisse

- Die Angst zu versagen oder abgelehnt zu werden, hemmt viele Menschen dabei, selbstbestimmt zu agieren. Testen Sie, wie stark Sie diese Ängste einschränken.

- Damit Sie negative Gewohnheiten aufbrechen können, müssen Sie das gewünschte Verhalten genau festlegen und die Umsetzung konkret planen. Und dann viel üben!

- Ein gewisses Maß an Stress wirkt anregend, zu viel Stress schadet. Bewältigen Sie Ihre Stressoren mit konkreten Übungen.

- Unsere Ängste blockieren uns, deshalb ist es wichtig, sie zu identifizieren und sich ihnen zu stellen.

Meine Mutvision – der Blick in die Zukunft

Das eigene Leben in die Hand zu nehmen, aktiv und selbstbestimmt zu gestalten, sich konkrete Ziele zu setzen und sie auch anzupacken – das braucht vor allem eines: Mut.

In diesem Kapitel erfahren Sie,

- was ein Lebenskonzept und klare Vorstellungen über Ihre Prioritäten bringen, um Ihr Leben selbstbestimmt gestalten zu können,
- wie Sie sich selbst Anreize schaffen, damit Sie reale Fortschritte in Ihrem Mutverhalten erzielen,
- was Risiko und Lebensfreude miteinander zu tun haben,
- wie Sie den Teufelskreis der Angst überwinden,
- wie Sie aktiv Ihren beruflichen Erfolg gestalten und es schaffen, mutig Entscheidungen zu treffen.

Mein Leben selbstbestimmt gestalten

Wie viele Menschen kennen Sie, die aktiv Konflikte angehen, die ohne Rücksicht auf Verluste sagen, was sie denken, einfordern, was ihnen zusteht, oder in Extremsportarten ihren „Adrenalinkick" suchen? Ängste vor den möglichen Konsequenzen und erlerntes „soziales" Verhalten hält die meisten von uns ab, mutig für sich und die eigenen Ziele einzustehen. „Das tut man nicht!", „Das kannst Du nicht machen!" sind Stoppzeichen, die wir selbst oder andere uns vor die Nase stellen. Für ein harmonisches Miteinander und ein angstfreies Leben mag die selbst auferlegte Zurückhaltung hilfreich sein. Ein glückliches und selbstbestimmtes Leben aber sieht anders aus.

Beispiel

 In der traditionellen chinesischen Medizin wird ein langes Leben erreicht, wenn zwischen Anspannen und Entspannen Balance herrscht. Beide bilden in ihren Gegensätzen eine Einheit. Dominiert ein Element das andere, wirkt sich das beim Menschen negativ auf seine körperliche und geistige Konstitution aus. Ziel ist es folglich, diese Elemente in harmonischen Einklang zu bringen und zu bewahren.

Für unser Thema: „Mehr Mut zum selbstbestimmten Leben" bedeutet das: Suchen Sie bewusst Situationen auf, die Sie fordern und Stress bei Ihnen auslösen. Gehen Sie bewusst an Ihre Grenzen. Gemeint ist nicht, dass Sie sich blind in unberechenbare Gefahrensituationen begeben sollen. Mutig kann es zum Beispiel sein, bei ihrem nächsten Mitarbeitergespräch einen Karriereschritt zu fordern oder beim anstehenden Autokauf die eigenen Preisvorstellungen durchzusetzen. Wären Sie dabei angespannt? – Das gehört dazu! Es entspricht unserer Natur eher als ein angst- und stressfreies Leben im Schlaraffenland. Wir Menschen sind durch unsere Entwicklung nicht auf Sicherheit und Bequemlichkeit programmiert. Der in der westlichen Welt erreichte Wohlstand tut uns nicht gut. Zivilisationskrankheiten, Langeweile und Aggressivität sind klare Zeichen dafür. Anspannung, Stress und herausfordernde Situationen sind nicht notwendiges Übel, um ein erfülltes Leben zu führen, sondern wesentliche Bestandteile. Genauso gehören Entspannung und angstfreie Zeiten zu einem erfüllten Leben.

> Der Mensch ist von seiner jahrmillionenlangen Vergangenheit her auf Gefahr, Anstrengung und Kampf programmiert. Die dabei entwickelten Triebe können wir mit unserem Großhirn steuern, aber wir können sie nicht wegziehen. Das ist gut so! Woher beziehen wir mehr Lebensfreude: von einer lustvoll erlebten Triebbefriedigung (überstandener Gefahr, gestillter Hunger, befriedigte Neugier, ...) oder aus dem „klaren" Verstand und eingehaltenen Regeln?

Die eigene Balance finden

Ein gesundes und glückliches Leben basiert auf dem Wechsel zwischen Anspannung und Entspannung. Beides bedingt sich und jedes einseitige Verschieben führt zum Ungleichgewicht. Körper und Geist leiden langfristig, wenn Sie ständig angespannt leben. Krankheitsbilder wie Burn-out, Herzinfarkt und Schlaganfall sind typische Krankheitsbilder. Andererseits verlieren Sie durch Entspannung ohne vorhergehende Anspannung an Energie und Lebensfreude. Mögliche Folgen dauerhafter Entspannung sind allgegenwärtig: Menschen kommen um vor Langeweile, suchen Ersatzbefriedigung in Drogen oder den Kick im Extremen.

Sein Leben selbstbestimmt gestalten bedeutet, Anspannung und Entspannung bewusst zu steuern. Sorgen Sie für Phasen, die fordernd, beängstigend oder stressig sind. Achten Sie auf Ruhezeiten, in denen Sie sich regenerieren und sammeln können. Der positive Nebeneffekt eines solchen Programms: Sie werden Schritt für Schritt mutiger.

Meine Handlungsmöglichkeiten erweitern

Bevor Sie Ihr Handeln mit dem Ziel, mutiger zu sein, verändern, sollten Sie analysieren, was Sie tun und weshalb Sie sich „unmutig" fühlen. Das Imitieren eines „mutigen" Menschen oder das Erlernen „mutiger" Verhaltensweisen ist zum Scheitern verurteilt, wenn die Veränderungen nicht zur eigenen Persönlichkeit passen. Jeder Mensch ist geprägt durch seine ureigene Entwicklungsgeschichte. Wenn wir unsere Schwächen ab- und unsere Stärken ausbauen wollen, gilt es diese Geschichte zu würdigen.

Beispiel

 Haben Sie als Kind die Ferien mit Ihren Eltern eher am Meer oder in den Bergen verbracht? Sollte Letzteres der Fall sein, ist es wahrscheinlich, dass Sie „ausgesetzte Höhensituationen" nicht als bedrohlich empfinden – und entsprechend weniger Mut benötigen, um sie zu meistern.

Für eine Selbstanalyse sind wir Menschen mit einer einmaligen Fähigkeit ausgestattet worden: der Reflexion!

Der Mensch kann seine Gefühle, Verhaltensweisen und Handlungen wahrnehmen und beeinflussen – er kann sich „beherrschen" und reflektieren. Anders als bei Tieren steht bei uns der beherrschende Verstand den Trieben gegenüber. Für unser Zusammenleben ist es unabdingbar, dass wir zum Beispiel unsere Aggressionen beherrschen und den Sexualtrieb kontrollieren. Mit unserer Fähigkeit der Reflektion können und müssen wir uns entscheiden: Wann und wie leben wir unsere Triebe aus (und gewinnen damit Lebensfreude) und wann zügeln wir sie (um soziale Akzeptanz zu erfahren)?

Der folgende Test hilft Ihnen dabei, zu reflektieren und zu analysieren, in welchem Verhältnis Sie Ihr Leben zwischen An- und Entspannung führen.

Der Balance-Test

Ängstigende und anspannende Situationen werden unterschiedlich wahrgenommen. Genauso verhält es sich mit der Entspannung. Was zählt, ist alleine, wie Sie die Situation bewerten. Dieser Test soll Ihnen dabei helfen, zu bestimmen, ob Sie Ihr Leben in einem gesunden Gleichgewicht zwischen An- und Entspannung führen.

Entscheiden Sie, ob die folgenden Aussagen vollkommen (3 Punkte), überwiegend (2 Punkte), teilweise (1 Punkt) oder überhaupt nicht (0 Punkte) auf Sie zutreffen:

Situation	Punkte

Meine Arbeit fordert mich, ohne mich zu überfordern.

Zu meinen Kollegen habe ich eine gute Beziehung.

Ich bin stolz auf das, was ich mache.

Abends und am Wochenende habe ich genug Energie, um etwas zu unternehmen.

Zuhause denke ich nicht an meine Arbeit.

Ich schlafe gut.

Meine Familie würde mich als ausgeglichenen Menschen beschreiben.

Alles, was ich mache, mache ich mit Überzeugung.

Ich verfolge meine Ziele konsequent.

Die Ansprüche meiner Umgebung (Familie, Kollegen, Chefs) belasten mich nicht.

Situationen, in denen ich mich hilflos oder machtlos fühle, kenne ich kaum.

Es gelingt mir manchmal, Anstrengung mit Lust zu erleben.

Ich bin stolz auf meine erbrachten Leistungen, auch wenn sie von anderen nicht gewürdigt werden.

Herausfordernde Situationen in Beruf oder Freizeit spornen mich an.

Ich kann Pausen und „Nichtstun" genießen.

Auswertung: Balance-Test

- **45 – 30 Punkte**

Gratulation! Sie haben ein ausgewogenes Gleichgewicht zwischen An- und Entspannung gefunden. Sie erleben anspannende Situationen als bereichernd und sorgen für sich. Sie wissen, was Ihnen wichtig ist, und wie Sie sich selbst motivieren können. Nutzen Sie Ihre Fähigkeiten, um andere Menschen in Ihrem Umfeld auf diesem Weg zu unterstützen.

- **29 – 20 Punkte**

Auf den ersten Blick scheinen Sie Ihr Leben im Gleichgewicht zu führen. Andererseits gehen Sie viele Kompromisse ein, von denen Sie nicht innerlich überzeugt sind. Achten Sie darauf, dass Sie rechtzeitig wahrnehmen: Was ist mir wichtig? Wann handle ich „um des lieben Friedens willen" gegen meine innere Überzeugung? Entscheiden Sie sich bewusst und häufiger dafür, mutig den eigenen Standpunkt zu vertreten.

- **19 – 0 Punkte**

Ihr Unzufriedenheitspotential ist hoch. Nach außen werden Sie eher als angepasst und flexibel wahrgenommen. Hohe Erwartungen setzen Sie unter Druck. Es fällt Ihnen schwer, den „eigenen Weg" zu finden. Eine Voraussetzung für mehr Balance in Ihrem Leben ist, dass Sie sich selbst weniger unter Druck setzen, um es allen Recht zu machen und eigene Fehler nicht zuzulassen. Nutzen Sie die Tipps und Übungen in den folgenden Kapiteln dazu.

Übung: Mein Lebenskonzept

Formulieren Sie in einigen Sätzen Ihr Lebenskonzept. Einmal angenommen, Ihr Leben beginnt morgen komplett neu und Ihnen stehen alle Optionen offen: Wie würden Sie Ihr Leben gestalten? Wenn Sie sich darüber im Klaren sind, können Sie sich einzelne Ziele setzen und konkrete Schritte planen.

Wie möchte ich leben? Wie sieht mein idealer Tages-, Wochen-, Monats- und Jahresablauf aus? Wo und mit wem möchte ich leben?

_____

_____

Welchen Stellenwert sollen Arbeit, Familie, Freunde, Freizeit, Sport etc. in meinem Leben einnehmen?

_____

_____

Wie würden die Rahmenbedingungen meiner beruflichen Tätigkeit idealerweise aussehen?

_____

_____

In welche realen sozialen Netze möchte ich eingebunden sein? Welche Rollen will ich in diesen Netzen wahrnehmen?

_____

_____

Prioritäten setzen

Im Idealfall setzen Sie Ihre Lebensenergie für Ziele ein, die Ihnen wichtig sind. Ob Sie beruflichen Erfolg, Zeit mit der Familie, Gesundheit oder Ihre persönlichen Träume verwirklichen, liegt alleine an Ihnen. Oft wird es Mut erfordern, diese Ziele anzugehen. Der erste Schritt ist, sich diese Ziele bewusst zu machen.

> „Nur wer sein Ziel kennt, findet den Weg." Laozi, chinesischer Philosoph

Übung: Blick zurück „aus der Zukunft"

Stellen Sie sich vor, Sie feiern Ihren 75. Geburtstag. Ihr bester Freund ist anwesend und hält eine Rede, in der er Ihr Leben Revue passieren lässt. Überlegen Sie sich nun:

- Welche Punkte würden Sie sich in dieser Rede wünschen?
- Auf welche Leistungen wären Sie besonders stolz?
- Welche Ihrer persönlichen Eigenschaften wird Ihr Freund nennen?
- Welchen Stellenwert werden Aspekte wie Familie, beruflicher Erfolg, gesellschaftliche Stellung, Freizeitaktivitäten, soziales Engagement, Urlaube, Gesundheit etc. einnehmen?

Schreiben Sie jetzt Ihre eigene „Jubiläumsrede". Spätestens beim erneuten Lesen werden Sie Ihre Lebensprioritäten identifizieren können. Geben Sie die Rede auch einer Vertrauensperson zum Lesen und bitten Sie um Feedback. So erfahren

Sie, wie nah oder weit entfernt Sie von Ihren Zielen sind und was Sie tun können, um Ihren Prioritäten näher zu kommen.

> Verlieren Sie Ihre Prioritäten nicht aus den Augen. Setzen Sie Ihre Energie und Ihren Mut entsprechend ein. Und vor allem: Konzentrieren Sie sich auf Ihre wichtigsten Prioritäten!

Übung – Hände verschränken

Legen Sie Ihre Hände zusammen und verschränken Sie die Finger. Liegt der Daumen der rechten oder der linken Hand oben? Nehmen Sie nun Ihre Hände wieder auseinander und verschränken Sie sie anders: Lag beim ersten Mal der rechte Daumen zuoberst, dann legen Sie nun den linken Daumen oben auf. Genauso gehen Sie mit allen anderen Fingern vor. Wie fühlt sich das an? Ungewohnt oder gar unangenehm?

> Selbst kleine Neuerungen in unserem Verhalten (wie das veränderte Verschränken der Hände) können wochenlanges „Üben" erfordern, um als normal empfunden zu werden. Bedenken Sie: Eine Verhaltensänderung hin zu mehr Mut ist eine wesentliche Neuerung, die Ausdauer und Training erfordert.

Von Sportlern lernen

Wichtigstes Ziel der Trainingsaktivitäten von Spitzensportlern ist es, Körper und Geist an die im Wettkampf auftretenden Belastungen zu gewöhnen. Das wird erreicht durch unterschiedliche Trainingsintensitäten und -umfänge sowie gezielte An- und Entspannungsphasen. Kurz: Ausgefeilte Trainingspläne sorgen dafür, im entscheidenden Moment topfit zu sein! Genauso können wir unser Verhalten mit dem Ziel,

mutiger zu sein, trainieren. Um auch wirklich einen Trainings-
erfolg zu erzielen und möglichen Schaden (Verletzungen) zu
vermeiden, hilft es, sich an ein paar Grundlagen der Trainings-
lehre zu halten.

Fünf Trainingsgrundsätze für mutiges Verhalten

1. Realistische Ziele setzen

Für einen Hobbyläufer mit 2 × 7 km Lauftraining pro Woche
ist es unrealistisch, einen Marathon in 3 Stunden zu absol-
vieren. Was im Sport gilt, gilt auch für mein Mut-Verhalten.
Es ist ein großer Unterschied, ob ich mutig einschneidende
Entscheidungen treffe (z. B. Heirat, Orts- und/oder Berufs-
wechsel) oder Mut brauche, um mich im nächsten Team-
meeting zu Wort zu melden.

Formulieren Sie Ihr Ziel möglichst genau! Wenn es ein
anspruchsvolles „Mut-Ziel" ist, suchen Sie sich Zwischen-
ziele. Auch für den Hobbyläufer ist es mit einer gezielten
Vorbereitung schließlich möglich, den Marathon zu laufen.

Beispiel: Vor einer größeren Gruppe von Menschen eine
freie Rede zu halten, ist für viele Menschen eine Mut-Über-
forderung. Ein realistisches erstes Mut-Ziel auf dem Weg
könnte sein: Halten Sie eine kurze, vorbereitete Rede im
vertrauten Rahmen der engen Kollegen.

2. Ohne Reiz keine Leistungssteigerung

Mut „lernen" Sie nur durch Erfahrungen. Verschaffen Sie
sich Lernerfolge, indem Sie sich bewusst Situationen aus-

setzen, die Mut erfordern, die Sie aber nicht überfordern.
Planen Sie diese Schritte sorgfältig:

Was wäre „einen kleinen Schritt mutiger" als das, was ich
jetzt mache?

Wann und wie kann ich diesen Schritt gehen?

Was gilt muss ich dabei beachten und welche Risiken kann
ich eingehen?

Steigern Sie diese Lernreize langsam und – wichtig – in
Ihrem eigenen Tempo!

Beispiel: Wenn ich als Reiter mit dem Springreiten beginne,
werde ich zunächst über kein Hindernis springen, sondern
den speziellen Springsitz lernen. Dann wird über niedrige
Hindernisse gesprungen. So kann ich relativ ungefährliche
„Lernreize" setzen und die Angst vor Stürzen abbauen. Mit
zunehmender Erfahrung werden – durch höhere Hindernisse
– die Mut-Reize gesteigert.

3. Das individuelle Leistungsvermögen einschätzen

Als Sportler kenne ich meine Stärken und Grenzen. Im
Idealfall gelingt es mir, meine Stärken einzusetzen und
gleichzeitig meine Grenzen zu wahren. So wird der kondi-
tionsschwache, aber technisch ausgereifte Boxer auf einen
schnellen K.-o.-Sieg hinarbeiten.

Kein Mensch hat nur Schwächen oder ist immer ängstlich!
Wann sind Sie mutig? Welche Situationen meistern Sie ohne
Angst? Wo sind die Grenzen Ihrer Leistungsfähigkeit? Wann

wird aus Mut Leichtsinn, weil Sie den Anforderungen nicht gewachsen sind?

Beispiel: Bevor Sie sich beruflich für eine neue Herausforderung entscheiden, sollten Sie wissen, ob Sie den Anforderungen gewachsen sind. Besitzen Sie die für die neue Aufgabe erforderlichen fachlichen Kenntnisse? Sind Sie den körperlichen Belastungen gewachsen? Wie gehen Sie mit Unsicherheit und Stress um, die eventuell mit einer Führungsposition verbunden sind? Die Sicherheit „Mein Leistungsvermögen passt zu den erwarteten Anforderungen!" erleichtert mutige Entscheidungen erheblich.

4. Die Belastung langsam steigern

In der Vorbereitung auf einen Marathonlauf wird der Hobbyläufer seine Trainingsleistung nicht unmittelbar verdoppeln. Das würde nicht zur Leistungssteigerung führen, sondern zu Überlastung und Frust. Genau wie im Sport lässt sich im persönlichen Verhalten eine „Leistungssteigerung" nur durch langsames Intensivieren der Belastung erreichen. Gehen Sie behutsam und schrittweise vor und steigern Sie die „mutfordernden" Situationen langsam.

Beispiel: Bei der nächsten Projektvergabe strebe ich die Projektleitung an und möchte diese, gegen den Widerstand meiner Kollegen, für mich einfordern. Ein Zwischenziel auf diesem Weg könnte sein: Im anstehenden Projektmeeting übernehme ich die Moderation und bremse die Dauerredner konsequent ein. So mache ich meinen Wunsch nach mehr Verantwortung sichtbar und erlebe, wie mutiges Verhalten in der Leitungsrolle funktioniert.

5. Belastungs- und Erholungsphasen planen

Im Sport ist nach einer intensiven Trainings- oder Wett-
kampfbelastung eine gewisse Zeit der Wiederherstellung
nötig. In dieser Ruhephase regeneriert sich der Körper und
stellt, im Idealfall, eine über dem Ausgangsniveau liegende
Leistungsfähigkeit her. Belastung und Entlastung werden als
Einheit betrachtet. Wenn es darum geht, mutiges Verhalten
zu „trainieren" sollten Sie diesen Grundsatz beachten.

Vorhaben wie: „Ab Morgen bin ich mutiger!" sind in der
Regel zum Scheitern verurteilt. Gönnen Sie sich nach und
vor Belastungsreizen (Mut fordernden Situationen) ganz
bewusst Phasen, in denen Sie sich nicht unter Druck setzen.
So können Sie Erfahrungen verarbeiten und Mut fördernde
Eigenschaften wie Selbstvertrauen und Entscheidungsstärke
entwickeln.

Beispiel: Seit Wochen fehlt Ihnen der Mut, die neue Kolle-
gin aus der Nachbarabteilung zu einem Mittagessen ein-
zuladen. Immer wieder nehmen Sie sich vor, sie einfach
anzusprechen, entschuldigen sich selbst aber mit allerlei
Ausreden. Tipp: Suchen Sie einen Zeitpunkt, in dem Sie
entspannt sind und den Kopf frei haben – zum Beispiel nach
einem Urlaub. Und sorgen Sie dafür, dass nach der stressigen Situation nicht unmittelbar der nächste Stress folgt. So
können Sie das Erlebte, wie auch immer es ausgegangen ist,
in Ruhe verarbeiten.

Meine Lebensfreude und –lust erhöhen

Was war zuerst da: die Henne oder das Ei? Bei Mut und Lebensfreude verhält es sich ähnlich. Brauche ich mehr Mut, um meine Lebensfreude zu erhöhen? Oder führt eine positive Grundhaltung automatisch zu einem höheren Mut-Level?

Das Mut-Lebensfreude-Problem wird sich ebenso wenig lösen lassen wie das Henne-Ei-Problem. Begnügen wir uns mit der Tatsache, Lebensfreude und mutiges Handeln sind verbunden. Verstehen Sie uns nicht falsch: Wir sind nicht der Ansicht, nur mutiges Handeln führe zu einem erfüllten Leben! Ängstliche Menschen können auf ihre Art sehr wohl das Leben genießen. Fest steht aber: Mutiges und selbstbestimmtes Handeln leistet einen wertvollen Beitrag für ein erfülltes Leben bieten.

> Setzen Sie sich nicht zu sehr unter Druck, wenn Sie mutiger werden wollen. Beachten Sie mögliche „Nebenwirkungen" wie höhere Risiken, Stress und Unsicherheit. Sonst gewinnen Sie nicht an Lebensqualität hinzu, sondern reduzieren sie.

Übung

Bitte beantworten Sie die folgenden Fragen.

Wozu strebe ich mehr Mut an?

Was in meinem Leben soll sich verändern, wenn ich mutiger bin?

Gibt es einen Menschen, den ich als „Mut-Vorbild" sehe? Welche Eigenschaften und Haltungen zeichnen diesen Menschen aus?

Welche Risiken gehe ich ein, wenn ich künftig mutiger bin?

Welche fünf Werte/Haltungen (z. B. Autonomie, Gerechtigkeit, Abenteuer, Vertrauen) sind für mich die wesentlichen Bestandteile eines erfüllten Lebens? In welcher Reihenfolge?

Welche dieser Aspekte stehen eventuell einem mutigeren Handeln im Weg?

Wie gelingt es mir, mehr Mut und diese Werte zu verbinden?

Ganz richtig: Diese Fragen sind nicht leicht zu beantworten. Wichtiger als schnelle Antworten zu finden ist es, sich mit diesen Themen auseinanderzusetzen. So gelingt es Ihnen, dass mehr Mut zu einer höheren Lebensfreude führt.

Lust am Risiko

„In einer Welt, die nach gängiger Meinung von der Sucht nach Geld, Macht, Ansehen und Vergnügen beherrscht ist, überrascht es, Leute zu finden ... welche ihr Leben beim Klettern am Fels riskieren." Mit diesen Worten beschreibt Mihály Csíkszentmihályi, ein emeritierter Psychologieprofessor, sein Forschungsgebiet. Warum verbinden Menschen bestimmte Aktivitäten trotz Risiko und Anstrengung mit intensiver Lust? Um das herauszufinden, hat Csíkszentmihályi verschiedene Gruppen befragt, die als mutig oder risikobereit gelten: Bergsteiger, Chirurgen und Piloten. Alle beschrieben ihre Aktivitäten als spannend und intensiv. Sie suchten diesen Zustand, um des Zustandes selbst willen und nicht wegen äußerer Belohnungen wie Anerkennung, Geld oder Macht. Der Wissenschaftler bezeichnet diesen besonderen Zustand bei völligem Aufgehen in einer Tätigkeit als Flow. Um mit einer Aktivität ein Flow-Erleben zu verbinden, müssen drei Voraussetzungen erfüllt sein:

- Die Aktivität bietet eine unmittelbare Rückmeldung und hat ihre Zielsetzung in sich selbst – sie wird vor allem als Selbstzweck betrieben.

- Der Mensch bündelt seine ganze Konzentration voll auf die Aktivität.

- Die Anforderungen führen weder zu Überforderung noch zu Langeweile – die Anforderungen der Aktivität und die Fähigkeit stehen in einem ausgewogenen Verhältnis.

Flow ist ein Gefühl des Aufgehens in einer anspruchsvollen, eventuell riskanten, aber glatt laufenden Tätigkeit. Menschen im Flow empfinden Freude, während sie sich gleichzeitig auf ihrem höchsten Leistungs- und Konzentrationsniveau befinden. „Man ist dermaßen in der Tätigkeit drinnen, dass einem kein von der unmittelbaren Tätigkeit unabhängiges ‚Ich' in den Sinn kommt … Man sieht sich selbst nicht getrennt von dem, was man tut", zitiert Csíkszentmihályi in seinem Buch „Flow – Das Geheimnis des Glücks" einen Risikosportler.

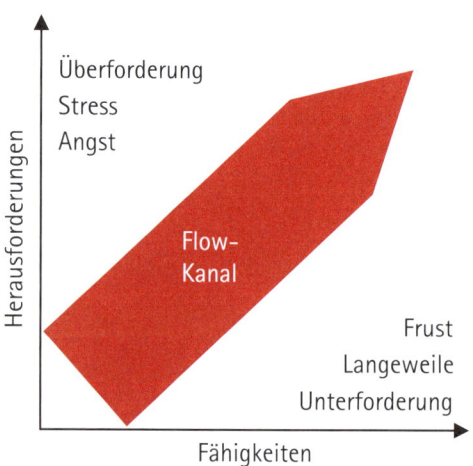

Der Flow-Kanal

Um Flow zu erleben, müssen Sie ein gewisses Maß an Können mitbringen. Nur wenn Sie in Ihrer „Risikoaktivität" – egal ob in Sport, Beruf oder Freizeit – eine gewisse Kompetenz mitbringen, gelingt es, den erwünschten Zustand zwischen Über- und Unterforderung herzustellen.

Flow kommt nur zustande, wenn das Können der Anforderung entspricht. Außerhalb des Flow-Kanals führt Überforderung zu Stress und Unterforderung führt zu Langeweile. Mutiges Handeln findet im Bereich dazwischen statt. Wenn die eigenen Fähigkeiten gerade noch reichen, um den Anforderungen zu genügen, werden die Grenzen verschoben.

Neugierde treibt an

Hinter dem beschriebenen „Flow-Erleben" steht unser urzeitliches Bedürfnis nach Sicherheit. Wenn Unbekanntes nicht mehr unbekannt, fremde Menschen nicht mehr fremd und Probleme gelöst sind, gibt es keinen Grund mehr, Angst davor zu haben. Der Reiz besteht darin, Neues zu entdecken, das Unbekannte bekannt zu machen und Probleme zu lösen. Das gelingt uns Menschen durch neugieriges Herangehen und Ausprobieren. Das Unbekannte ist oft mit Risiko und Unsicherheit behaftet. Deshalb haben wir Angst davor. Mutiges Herangehen lohnt sich doppelt:

- Je größer das überwundene Hindernis oder das gelöste Problem ist, desto größer ist die gewonnene Sicherheit.
- Für die Unsicherheit und Anstrengung, die wir aufwenden, um eine Gefahr zu überwinden oder ein Problem zu lösen, werden wir mit einem intensiven Lustgefühl belohnt.

Um dieses Gefühl zu erleben, ist es nicht notwendig, dass wir in unseren Bemühungen erfolgreich waren und das Problem gelöst oder das Hindernis überwunden haben. Das Gefühl, sich überwunden, die Herausforderung angenommen zu haben, reicht aus, um mit sich zufrieden zu sein.

Teufelskreis der Angst

Ängstliche Menschen befinden sich unterhalb des „Flow-Kanals". Aus Angst vor Überforderung, Misserfolg oder Schaden bleiben Sie unter ihren Möglichkeiten. Die Folge: Sie sind von sich enttäuscht. Das Gefühl der Aufgabe nicht gewachsen zu sein, erhöht den Stress und bestätigt schließlich die Angst vor Überforderung – ein Teufelskreis.

Der Teufelskreis der Angst

Wie können Sie den Teufelskreis verhindern oder zumindest stoppen?

Das Wissen um einen Teufelskreis hat immense Vorteile: Wenn Sie sich in einem System auskennen (ein Teufelskreis ist ein System, wenn auch ein negatives), dann finden Sie einen Weg, wie Sie den Mechanismus unterbrechen können. Die folgende Anleitung unterstützt Sie dabei:

Schritt für Schritt aus dem Teufelskreis der Angst

 1. **Die Problematik „Überforderung" erkennen und sinnvoll aufarbeiten**
Ist die Angst berechtigt? Haben Sie öfter Überforderungserlebnisse? Analysieren Sie, ob Sie zu viel von sich erwarten und wie Sie Ihre Erwartungen auf ein realistisches Maß reduzieren können. Ist die Angst nicht berechtigt, weil Sie sich in Wahrheit noch nie überfordert haben? Woher kommt die Angst dann? Eventuell steht dahinter eine überzogen selbstkritische Haltung. Trifft dies zu, dann sollten Sie sich mehr mit Ihren Stärken auseinandersetzen: Was können Sie gut? Wann und wie setzen Sie Ihre Talente ein?

 2. **Die möglichen Folgen analysieren**
Angenommen, Sie haben sich wirklich überfordert: Was wären die Konsequenzen – im schlechtesten und im besten Fall?
Angenommen, Sie haben sich getäuscht und die Herausforderung wider Erwarten geschafft: Was wären die Konsequenzen – welchen persönlichen Gewinn würden Sie erzielen?

 3. **Sich an persönliche Erfolge erinnern**
Welche Erfolge erzielten Sie in Ihrem Leben? Welche Talente nutzten Sie?
Konzentrieren Sie sich auf Ihre Fähigkeiten und Stärken, nicht auf Ihre Schwächen!

4. Die eigene Entwicklung planen

Welche Kompetenzen benötigen Sie, damit Sie das Gefühl haben, der Herausforderung gewachsen zu sein?

Wie und bis wann können Sie sich diese Kompetenzen aneignen?

Planen Sie den ersten Schritt zum Ausbau dieser Kompetenz.

 5. Ein positives Umfeld schaffen

Lassen Sie sich aktiv von Ihrem Umfeld unterstützen, holen Sie sich Feedback.

Nutzen Sie die Zeiten, in denen Sie sich sicher und kompetent fühlen, um zu handeln.

6. Verantwortung für sich übernehmen und aktiv werden

Niemand außer Ihnen ist für Ihren Erfolg oder Misserfolg verantwortlich. Sie müssen selbst aktiv werden, sonst verändert sich nichts.

Nutzen Sie Misserfolge und Scheitern als wertvolle Erfahrung. Der Entwicklungsfortschritt nach Misserfolgen ist deutlich größer als nach Erfolgen.

Sie waren „zu mutig" und sind gescheitert? Dann schütteln Sie sich einmal kräftig. Belohnen Sie sich für Ihren Mut und blicken Sie nach vorne!

> „Misserfolg ist lediglich eine Gelegenheit, mit neuen Ansichten noch einmal anzufangen." Henry Ford, Gründer der Ford Automobilwerke

Meinen beruflichen Erfolg aktiv aufbauen

Unsere Arbeitswelt verändert sich laufend: Neue Berufe entstehen, alte verschwinden, neue Kompetenzen werden verlangt, andere nicht mehr gefordert. Statt Mitarbeiter einzustellen werden sogenannte Freelancer beauftragt, welche die gleichen Aufgaben als selbstständige Unternehmer ausführen. Der berufliche Werdegang eines heute 20-Jährigen ist mit dem eines 50-Jährigen nicht mehr zu vergleichen. Kennzeichen moderner Berufsbiografien sind häufige Neustarts, wenig Bindung und Planbarkeit. Wer unter diesen Rahmenbedingungen seinen Karriereweg finden will, muss neben einer hohen Anpassungsfähigkeit vor allem eines mitbringen: Mut, den eigenen Weg zu gehen und Neuland zu betreten.

Beispiel

 Fast 50 Jahre lang arbeitete Hubert Gebhardt als Bankkaufmann in derselben Bank. Er stieg in dieser Zeit vom Lehrling zum Abteilungsleiter Zahlungsverkehr auf. In seinem Arbeitsleben erlebte er einige Veränderungen: Computer übernahmen Arbeitsprozesse , Abteilungen wurden abgespalten und wieder zusammenmenführt und die Bank wurde von einer anderen Bank übernommen. Als er mit 66 Jahren in den Ruhestand geht, zieht er ein positives Fazit: „Ich bin gut abgesichert. Die jungen Leute heute tun mir leid. Keine festen Arbeitsverträge, ständige Job- und Ortswechsel. Wie man da eine Familie gründen und ernähren will, ist mir unbegreiflich."

Genügte früher eine lange Firmenzugehörigkeit, um die Karriereleiter nach oben zu klettern, müssen Sie heute flexibel, eigenverantwortlich und mobil sein. Die Freiheit an diesem

Wandel mitzuwirken, ist so belastend wie befriedigend. Selbst zu definieren, was ich wann, wie ich arbeite, kann den Lebensgewinn enorm steigern – oder einschränken. Plagen mich Existenzängste und Unsicherheit, wird aus der Lust eine Last. Was können Sie in diesem Umfeld tun, um ihren beruflichen Erfolg zu gestalten?

> Die Veränderungen in unserer Arbeitswelt sind nicht nur unangenehm, sie bergen auch Chancen. Unternehmen geben zunehmend die Verantwortung für Entwicklung und Karriere an den Einzelnen ab. Wenn Sie die Rolle als Chef über Ihre eigene Arbeitskraft akzeptieren, eröffnet das neue Möglichkeiten. Nehmen Sie die eigene Karriere mutig selbst in die Hand.

Welche Eigenschaften brauchen Sie in der modernen Arbeitswelt, um erfolgreich zu sein? Neben den berufsspezifischen Fachkenntnissen werden folgende Faktoren immer wichtiger:

- Eigenmotivation und -initiative: Die Fähigkeit und der Wille, den eigenen beruflichen Weg aus einem inneren Antrieb heraus voranzutreiben.

- Frustrationstoleranz: Kompetent mit Scheitern umgehen und Misserfolge als Erfahrung für die Zukunft begreifen.

- Entscheidungsstärke: Sich mutig entscheiden können, auch wenn Risiken bleiben und nicht alle Konsequenzen absehbar sind.

- Selbstkenntnis: Klarheit über die eigenen Stärken und Schwächen und ein selbstbewusster Umgang damit.

- Optimismus: Innere Sicherheit, dass die Zukunft gut wird und entsprechendes Handeln.

Motivieren Sie sich selbst

Äußere Motivationsanreize wie Geld, Status und Urlaub wirken nur begrenzt. Nachhaltiger ist Ihr innerer Antrieb, Ihre Eigenmotivation. Für den beruflichen Erfolg sind sie in doppelter Hinsicht wichtig:

1 Eigenmotivation setzt immer erstrebenswerte Ziele: „Wenn ich das tue, dann bekomme ich jenes ..." Mit einem klaren Ziel vor Augen gelingt es Ihnen auch, mutiger zu werden: „Wenn ich mehr Mut entwickle, dann gelingt mir ... und dadurch gewinne ich ..."

2 Eine hohe Eigenmotivation wird beruflich stets positiv gewertet: „Der macht das aus innerem Antrieb heraus, und nicht, weil wir es von ihm erwarten."

Gefühle zur Selbstmotivation nutzen

Unsere Selbstmotivation wird durch zwei Emotionen bestimmt:

Gute Gefühle herstellen	Schlechte Gefühle vermeiden
Selbsterhaltung, Spaß, Lust und Wohlergehen erleben.	Schmerz, Pein, Bedrohung und Unangenehmes fernhalten.

Ihre Eigenmotivation basiert auf einer Kombination der beiden Gefühle. Erforschen Sie Ihre eigene „Gefühlslage" und setzen Sie positive Anreize und negative Konsequenzen in ein passendes Verhältnis.

Beispiel

 Wenn Sie sich motivieren wollen, die Bewerbung für einen neuen Job anzugehen:

Positive Motivationsanreize: Ich erhalte die Chance für beruflichen Aufstieg, interessantere Tätigkeiten, ein neues spannendes Umfeld. Im Bewerbungsprozess werde ich durch das Feedback Neues über mich erfahren.

Negative Konsequenzen: Wenn ich nichts mache, werde ich immer unzufriedener. Die berufliche Belastung wird sich kritisch auf mein Privatleben auswirken.

Achten Sie darauf, Ihre Emotionen nicht als Entschuldigung für „Nichtstun" und für „Es bleibt besser, wie es ist" zu nutzen, wie im folgenden schlechten Beispiel.

Beispiel

 Wenn Sie sich motivieren wollen, endlich die Missstände in ihrer Abteilung beim Chef anzusprechen:

Positive Motivationsanreize: Ich könnte abwarten, bis ein anderer die Initiative ergreift. Wenn die Missstände bleiben, muss ich mir nicht so viel Mühe geben und kann es locker angehen lassen.

Negative Konsequenzen: Der Chef wird es nicht hören wollen. Das Gespräch wird unangenehm und anstrengend für mich werden ...

Aufgabe

Nutzen Sie eigene emotionale Anreize, um mutiger zu werden. Überlegen Sie sich eine berufliche Situation, in welcher Sie sich mehr Mut wünschen. Formulieren Sie drei positive Anreize und drei negative Konsequenzen, die für mutiges Handeln sprechen.

Vom Opfer zum Lenker

Beispiel

 Kurt Schlack bereitet die Präsentation akribisch vor. Das ganze Wochenende verbringt er im Büro, um alle Daten und Fakten, die den Kunden interessieren könnten, einzubauen. Seine Enttäuschung, als der Kunde ihm lapidar Bescheid gibt: „Wir haben uns für einen anderen Anbieter entschieden", war riesig. Schnell hatte er die Ursachen für sich geklärt und seinem Chef mitgeteilt: „Die Vorbereitungszeit war zu knapp, die Kundenanforderungen nicht erfüllbar und die Kollegen haben mich nicht unterstützt."

Wie hätte Herr Schlack wohl im Erfolgsfall argumentiert? Sicher hätte er die volle Verantwortung übernommen und den Abschluss auf seine Präsentation zurückgeführt. Kurt Schlack gestaltet sich in diesem Fall eine „Opfer-Geschichte". Bei Misserfolgen geben wir die Verantwortung gerne ab. In der Opferrolle funktioniert das besonders gut: Die Umstände, die anderen oder gar das Schicksal sind für das Misslingen verantwortlich. Das mindert kurzzeitig unseren Druck und erleichtert uns. Das Fatale daran: Die Ursachen bleiben und der nächste Misserfolg wird kommen!

Geben wir die Verantwortung für Misserfolge ab, so hilft uns das nur kurzfristig – wir entlasten unser Gewissen. Die langfristig schlechte Seite daran: Wir geben Selbstverantwortung ab, Ursachen für Misserfolge bleiben bestehen und wir sind abhängig von anderen.

Opfer-Geschichten für wenig Mut könnten sein:

- Wenn die Aussichten am Arbeitsmarkt besser wären, dann ...
- Wenn mein Chef toleranter und einsichtiger wäre ...
- Ich hatte nie die Chance ...
- Mir blieb gar nichts anderes übrig, als ...
- Eigentlich wollte ich, aber dann ...
- Wenn die Kollegen nicht so stur wären ...

Hinter all diesen Opfer-Geschichten steht dieselbe Aussage: „Ich kann nichts dafür!"

Übung

Welche Gründe haben Sie fürs Nicht-mutig-Sein? Analysieren Sie Ihre Opfer-Situationen. Welche Geschichten dienen nur der eigenen Entlastung und wann sind Sie wirklich Opfer der Umstände?

Situationen, in denen ich nicht mutig bin, aber auch nicht verantwortlich:	Gründe, warum ich Opfer der Umstände bin:

Reflektieren Sie die Situationen erneut. Mit etwas Abstand gelingt es Ihnen, den eigenen Handlungsspielraum zu erweitern. Schlüpfen Sie in die Rolle des Lenkers! Was können Sie selbst tun, um die Situation zu meistern?

Entscheiden Sie sich mutig

Beispiel

 Nach seinem Wirtschaftsstudium hat Fabian Hütta zwei Job-angebote vorliegen. Das eine verspricht bei guter Bezahlung und exzellenten Aufstiegsmöglichkeiten große berufliche Herausfor-derungen. Alternativ könnte er in einer staatlichen Behörde anfangen. Dort erwarten ihn geregelte Arbeitszeiten und die Möglichkeit, später verbeamtet zu werden. Fabian Hütta fehlt der Mut, sich für das eine oder das andere Angebot zu entschei-den. Am liebsten wäre ihm ein Angebot, das sämtliche Vorteile vereint und die Nachteile ausklammert.

Jede Entscheidung bringt Vor- und Nachteile mit sich. Im Idealfall wägen wir die Vor- und Nachteile ab und entschei-den uns für die insgesamt vorteilhaftere Bilanz. Das ist nicht immer möglich, zum Beispiel wenn ich nicht alle Vor- und Nachteile kenne. Dann verursachen Entscheidungssituationen Stress. Um mutig zu entscheiden, wie es im Berufsleben gefordert ist, hilft es, sich die Rahmenbedingungen für menschliches Entscheiden näher anzuschauen.

Fünf Rahmenbedingungen des Entscheidens

Das menschliche Gehirn ist nicht auf „Multitasking" aus-gelegt. Es strebt nach einfachen, klaren Entscheidungen.

Überfordern Sie sich und Ihr Gehirn nicht. Es gelingt uns nicht, alle Fakten, Daten und Konsequenzen für eine per-fekte Entscheidung zu erfassen und zu verarbeiten.

Jeder Mensch ist abhängig von der Bewertung durch andere. Er will gefallen, bewundert werden und dazugehören. Das beeinflusst Entscheidungen stärker als Sie denken.

Wie abhängig sind Sie vom Urteil anderer? Machen Sie sich Ihre Beweggründe klar. Rein objektive Entscheidungen gibt es nicht. Analysieren Sie die subjektiven Einflüsse.

Schnelle Entscheider werden oft als kompetent wahrgenommen. Kreativität und eine genaue Analyse kommen unter Zeitdruck zu kurz.

Setzen Sie sich bei Entscheidungen nicht unter Zeitdruck! Nehmen Sie sich die Zeit, die Sie brauchen, um zu einem Urteil zu kommen und entscheiden dann – konsequent.

Kurzfristige Ziele behindern gute Entscheidungen.

Berücksichtigen Sie bei Entscheidungen immer die langfristigen Folgen. Wie wirkt sich die Entscheidung auf Ihre langfristige Strategie aus? Möglicherweise hilft die Entscheidung kurzfristig aus einer Krise, verschärft das Problem aber langfristig.

Wir über- oder unterschätzen unsere analytischen Fähigkeiten. Jeder hat Schwächen (z. B. Trägheit, Ehrgeiz, Angst ...), die seine Entscheidungsfähigkeit beeinflussen.

Akzeptieren Sie Ihre Schwächen. Nur so gelingt es, sie in Entscheidungssituationen zu kontrollieren. Wenn Sie zum Beispiel Angst vor den Konsequenzen Ihrer Entscheidungen haben: Setzen Sie sich mit dieser Angst auseinander. Wovor genau habe ich Angst? Was könnte die Angst reduzieren?

> „Wir sind nicht nur verantwortlich für das, was wir tun, sondern auch für das, was wir nicht tun." Molière, französischer Dramatiker

Die fünf Stufen jeder Entscheidung

Wollen Sie mutig entscheiden? Unser Gehirn entscheidet in fünf Operationen. Verlangsamen Sie diese Schritte, indem Sie alle Aspekte schriftlich festhalten.

Entscheidungsschritt	Beispiel
Wie lautet die Fragestellung?	Welches Jobangebot soll ich annehmen?
Zielklärung: Was soll nach der Entscheidung anders/ besser sein?	Bezahlung, Aufgaben, Perspektiven, Zufriedenheit
Vergleich der Optionen	Option 1: Umzug, ...
	Option 2: Sicherheit, ...
	Option 3: Abenteuer, ...
Auswahl einer Option	Option 2 bietet mir persönlich die meisten Vor- und gleichzeitig die geringsten Nachteile.
Verantwortung für Vor- und Nachteile übernehmen und handeln!	Meine ersten konkreten Schritte sind ...

Üben Sie mit Ihren Ängsten umzugehen

Beispiel

 Julius Pucher ist Teamleiter einer kleinen Vertriebsmannschaft. Er ist ein Top-Verkäufer und versteht es, seine Mitarbeiter zu motivieren. Unzufrieden macht die Mitarbeiter, seinen Chef und auch Herrn Pucher selbst seine Entscheidungsschwäche. Egal, ob es um Kundenwünsche, Urlaubsanträge oder strukturelle Entscheidungen geht – ihm fehlt der Mut, sich konkret festzulegen. Sein Coach beauftragt ihn, im Alltag spontane Entscheidungen zu trainieren, indem er in die andere Richtung übertreibt. Beispiele: Bestellung im Restaurant ohne Blick ins Menü, spontaner Kinobesuch, ohne den Film auszuwählen, Einkaufen mit Zeitlimit etc.

Das Ziel des Entscheidungstrainings ist, dass sich Herr Pucher in Entscheidungssituationen weder unüberlegt schnell festlegt, noch wichtige Entscheidungen auf die lange Bank schiebt.

Übung

Trainieren Sie mutiges Verhalten in drei Schritten:

1. Schritt: Definieren Sie: In welchem Bereich will ich mutiger werden? Beispiel: Sie wollen

- sich weniger gefallen lassen,
- deutlicher Ihre Meinung sagen oder
- Grenzen setzen.

2. Schritt: Suchen Sie Situationen, in denen Sie ohne schwerwiegende Folgen übertreiben können – legen Sie phantasievoll los. Es geht nicht darum, andere zu demütigen, sondern spielerisch Angst zu überwinden und positive Erfahrungen zu sammeln. Beispiel:

- Keifen Sie den Vordrängler in der Menschenschlange hemmungslos an.

- Beschimpfen Sie den Radfahrer, der auf der falschen Seite fährt.

- Spielen Sie Polizist und weisen andere Verkehrsteilnehmer laut auf ihr Fehlverhalten hin oder

- weisen Sie Raucher auf die Folgen ihrer Sucht hin.

3. Schritt: Übertragen Sie Ihre Erfahrungen Schritt für Schritt in den Alltag. Sie werden sehen: Mit diesen Erlebnissen im Hintergrund fällt es Ihnen leichter, mutig zu sein.

Auf einen Blick: Meine Mutvision

- Der Wechsel zwischen An- und Entspannung trägt zu einem erfüllten Leben bei. Suchen Sie Herausforderungen, gehen Sie immer wieder an Ihre Grenzen.

- Planen Sie konkrete Ziele für Ihr Leben. Achten Sie darauf, dass sie realistisch sind. Steigern Sie immer wieder die Anforderungen und planen Sie Ruhephasen ein.

- Menschen empfinden Lust am Risiko. Das völlige, konzentrierte Aufgehen in einer Tätigkeit, verbunden mit einem Glücksgefühl, nennt man Flow. Der sog. Flow-Kanal liegt zwischen Überforderung und Langeweile.

- Aus Angst vor Überforderung bleiben wir oft unterhalb unserer Möglichkeiten und geraten in einen Teufelskreis. Übungen helfen Ihnen, ihn zu durchbrechen.

- Ihren beruflichen Erfolg können Sie aktiv gestalten: Üben Sie, die Opferrolle zu verlassen und lernen Sie selbstbestimmt zu entscheiden.

Handlungsspielwiese – Grenzen verschieben

Sie haben in den letzten Kapiteln viel über mutiges Handeln erfahren. Sie haben Ihr Mutverhalten getestet und praktische Hinweise erhalten, wie Sie Ängste überwinden und selbstbestimmt mutige Entscheidungen treffen können.

In diesem Kapitel erfahren Sie,

- dass Verstand *und* Intuition vonnöten sind, um zu selbstbestimmten Entscheidungen zu gelangen, und wie Sie beide verbinden können,

- wie Ihr Denken Ihre Weltsicht beeinflusst und wie Sie es für mehr Eigenverantwortung einsetzen können,

- wie Sie zuerst richtig planen und dann innere Widerstände bei der Umsetzung überwinden.

Fühlen – was sagt mein Bauch?

„Richtig sieht man nur mit dem Herzen; das Wesentliche ist für das Auge unsichtbar." Antoine de Saint-Exupery

Gefühle gehören zu den überlebensnotwendigen Werkzeugen des Menschen. Sie schaffen die Basis dafür, Situationen einzuschätzen und angemessen zu handeln – wenn wir lernen mit ihnen umzugehen. Sie können auch ein Eigenleben entwickeln und unsere Handlungsspielräume beschränken. Unmut ist eine Emotion, die nicht ohne eine Partneremotion auskommt – die Angst. Die Folge sind Handlungsunfähigkeit und Lähmung. Um die Kontrolle wieder zu erlangen, hilft es, zunächst die eigene Emotionslage zu erkunden.

Emotionen – woher und wozu?

Woher kommen Emotionen? Die Evolutionsbiologie liefert auf diese Frage interessante Antworten. Alles, was der Mensch sich im Laufe seiner Entwicklung aneignete, diente einem übergeordneten Ziel, dem Überleben. So auch die Emotionen, die uns von den meisten anderen Lebewesen unterscheiden.

Entscheidungshilfe in bedrohlichen Situationen

In kritischen Situationen ermöglichen unsere Gefühle schnellere Reaktionen. Wenn wir überfallen und bedroht werden, fällen wir unsere Handlungsentscheidung instinktiv: davonlaufen, erstarren oder verteidigen. Ein rationales Abwägen und Bewerten dieser Optionen würde zu lange dauern.

Kommunikationsinstrument

Aus der Kommunikationspsychologie wissen wir: Das gesprochene Wort macht nur einen geringen Teil der Information aus. Viel wichtiger sind Stimme, Körperhaltung und Gesichtsausdruck. Beispiel: Jemandem mit hochrotem Kopf und angespannten Fäusten werden wir vorsichtiger gegenübertreten als einem lächelnd, entspannt wirkenden Menschen. Vor Entwicklung der Sprache waren diese emotional gesteuerten körperlichen Signale unsere einzige Möglichkeit zur Verständigung.

Individuelle Erfahrungen

Im Laufe des Lebens bauen wir einen „emotionalen Erfahrungsschatz" auf. Alle Erlebnisse werden in einer emotionalen „Datenbank" gespeichert und bewertet. Sind wir später in einer vergleichbaren Situation, zeigt uns die Emotion in einer Geschwindigkeit, die rational nicht erreichbar ist, was zu tun ist. Zu den Zeiten, in denen eine einfache Bewertung der Gefahren ausreichte (Freund oder Feind, gefährliches oder harmloses Tier) war dieser Impuls überlebenswichtig. Bedrohungen mit lebensgefährlichen Szenarien sind heute (zum Glück) die Ausnahmen. Der „emotionale Reflex" kann da im Weg stehen.

Beispiel

 Miriam Allmauer wird von den Freunden im Tanzverein beauftragt, den jährlichen Tanzwettbewerb zu moderieren. Sie freut sich über das Vertrauen ihrer Freunde und ist stolz, da es ihr offensichtlich gelingt, die Menschen zu unterhalten. Ein Jahr später fällt Miriam Allmauer krankheitsbedingt aus. Sabrina Nett wird einstimmig als Ersatzmoderatorin bestimmt. Bei ihr löst der

> Auftrag Stress aus: „Bin ich dem gewachsen? Ich bekomme schon Schweißausbrüche, wenn ich nur daran denke. Ich werde den Tanzwettbewerb sicher ruinieren."

Gefühle kommen ungefragt und sind nicht zu verhindern. Sie folgen äußeren und inneren Reizen. Sie zu verdrängen und klein zu reden („Das bilde ich mir nur ein. Es gibt überhaupt keinen Grund, Angst zu haben. Reiß Dich zusammen ...") verschlimmert die Situation nur. Empfinden wir die Emotion als Hindernis, so sollten wir sie analysieren und hinterfragen:

- Woher kommt die Angst überhaupt?
- Welche Erfahrungen prägten mein Angstgefühl?
- Haben sich die Voraussetzungen jetzt geändert?
- Wie kann ich es schaffen, neue und positiv besetzte Erfahrungen zu sammeln?

Der siebte Sinn

All seine Sinne beieinanderzuhaben, das heißt auch, seinen siebten Sinn zu nutzen. Ob wir diesen Sinn Bauchgefühl, Intuition oder innere Stimme nennen, ist egal. Wichtig ist nur, ihn als wichtigen Bestandteil ganzheitlicher Entscheidungen zu erkennen – dann hilft er, Gefahren zu vermeiden und handlungsfähiger zu werden.

Beispiel

> Roman Schweitzer lief die Runde bestimmt zum hundertsten Mal. Es war schließlich seine Haus-Trainingsstrecke. Meistens machte er sich nach Feierabend auf die 8 km lange Strecke durch den Wald, auch an diesem Abend. Noch bevor er die Halbzeitmarke erreichte, überkam ihn ein ungutes Gefühl. Irgendetwas war an diesem Abend anders. Ohne genau sagen zu können,

woher es kam, dachte er: „Heute nicht"! Obwohl es keine Gründe gab, die Runde abzubrechen – das Wetter war schön und er fühlte sich fit – folgte er seinem Bauchgefühl. Er brach die Runde ab und lief zurück. Am nächsten Tag lief er seine Trainingsrunde erneut, musste jedoch ein weiteres Mal abbrechen: Kurz hinter dem Umkehrpunkt vom Vortag blockierten mehrere umgestürzte Bäume den Weg.

Hatten Sie schon einmal ein „schlechtes Gefühl", das einer rationalen Prüfung nicht standhielt – und sich dennoch als richtig erwies? Es gibt unzählige Theorien über Intuition, Emotionen und „Eingebungen". Praktischen Nutzen erlangt unsere Intuition, wenn wir sie nicht verklären und zum alleinigen Entscheidungskriterium machen. Eingebunden in ein Entscheidungskonzept und mit Wissen ergänzt, kann sie ein wertvoller Bestandteil sein, um mutig und sicher zu entscheiden und Risiken zu reduzieren. In der realen Situation können wir kaum unterscheiden, ob es sich um eine emotionale Reaktion oder um eine Intuition, handelt. Die Intuition ist eine spontane Eingebung ohne rationale Begründbarkeit. Sie übernimmt unter anderem eine Schutz- und Kontrollfunktion. Schulen Sie sich in der Nutzung Ihrer Intuition.

Nehmen Sie Ihre Intuition ernst und geben Sie ihr Raum. Hören Sie auf Ihren Bauch und prüfen Sie die Ergebnisse später. So erarbeiten Sie sich ein Gefühl, wann Sie Ihrer Intuition folgen können und wann besser nicht.

Verstand und Logik sind, wie Intuition und Gefühl, nicht unfehlbar. Gelingt es uns, das Rationale und das Emotionale zusammenzuführen, wenn wir beide Informationsquellen ausschöpfen, steigen unsere Chancen auf ein optimales Ergebnis. Blenden wir einen Teil aus, egal welchen, verzichten wir auf wesentliche Komponenten.

Verstand und Intuition verbinden

Kombinieren Sie Ihr rationales Wissen und Ihre Intuition in Entscheidungssituationen. So kommen Sie zu ganzheitlichen Entscheidungen, die Sie mutig umsetzen können.

Beispiel

 Sie sind seit 12 Jahren in einem Konzern als interner IT-Berater angestellt. In Ihnen wachsen persönliche Träume und veränderte Vorstellungen Ihres Lebenskonzeptes, die Sie in einer Festanstellung nicht verwirklichen können. Kündigen und sich als IT-Berater selbständig machen, wäre eine, allerdings äußerst mutige, Möglichkeit, diese Ziele zu verfolgen.

Wie können Sie zu einer ganzheitlichen Entscheidung finden?

Schritt für Schritt: Ganzheitlich entscheiden

 1. **Alle verfügbaren Informationen einholen**
Beispiel: Wie entwickelt sich der Markt für freie IT-Berater? Welche Voraussetzungen muss ich für eine Selbständigkeit erfüllen? Wie sind die Verdienstmöglichkeiten als freier IT-Berater?

 2. **Fakten rational analysieren und bewerten**
Beispiel: Wie sehen meine konkreten Chancen auf dem freien Markt aus? Bringe ich die benötigten persönlichen Eigenschaften und fachlichen Kompetenzen mit?

3. **Was sagt mein Bauch?**
Beispiel: Ich mache eine gedankliche Zeitreise in meine Zukunft als freier IT-Berater. Wie fühlt sich das an? Was sagt mein Bauch?

Stimmen Verstand und Intuition überein? Dann zögern Sie nicht länger und legen Sie los. Was aber, wenn das Resultat der Analyse mit dem des Gefühls nicht zusammenpasst? Versuchen Sie durch eine weitere Analyse der Fakten und nochmaliges In-sich-Hineinhören, die Diskrepanz aufzulösen. Es wird immer Fälle geben, wo dies unmöglich ist. Machen Sie sich in diesen Situationen zur Regel auf der sicheren Seite zu bleiben, damit aus Mut kein Übermut wird.

Denken – was sagt mein Verstand?

„Wir denken selten an das, was wir haben, aber immer an das, was uns fehlt." Arthur Schopenhauer

Der Philosoph Schopenhauer beschrieb vor knapp 200 Jahren ein Phänomen, das in unserer Kultur noch immer weit verbreitet ist: die pessimistische Sicht auf die eigenen Fähigkeiten und Lebensumstände. Unsere Erziehung, Schulbildung, vielleicht sogar unsere ganze Kultur ist darauf ausgerichtet, an unseren Schwächen zu arbeiten.

Beispiel

„Du musst mehr Mathe üben", „Deine Schrift ist komplett unleserlich"! Solche und ähnliche Lehrersprüche kennt jeder. Unsere Seminarteilnehmer fragen uns oft: Was mache ich falsch? Welche Fehler darf ich keinesfalls machen? Wo muss ich mich verbessern? All dies zielt auf Schwächen, die es zu eliminieren gilt.

Diese Strategie hat leider einen ganz gewichtigen Nachteil: Schwächen lassen sich nur mit sehr großem Energieaufwand ändern. Und: Die Konzentration auf Schwächen demotiviert mit der Zeit. Viel effizienter und effektiver ist es, sich **auf seine Stärken zu konzentrieren** und diese auszubauen.

Beispiel

 Steffi Graf war in ihrer aktiven Zeit als Tennisprofi für ihre starke Vorhand bekannt. Nach einem Trainerwechsel begann sie verstärkt an ihrer Schwäche, der Rückhand, zu arbeiten. Sie konnte damit ihre Rückhandtechnik verbessern, verlor dennoch mehr Spiele als zuvor. Erst als Sie ihren Trainingsfokus erneut auf ihre Stärken richtete, gewann sie sämtliche wichtigen Turniere sowie olympisches Gold.

Für Steffi Graf war klar: Ganz ohne das Arbeiten an ihren Schwächen geht es nicht. Viel effektiver war es aber, ihre Fähigkeit, die schnelle und kraftvolle Vorhand, zu pflegen und zu erhalten.

> Keine neue Erkenntnis, aber zu selten angewendet: Stärken Sie Ihre Stärken. Sie erreichen mehr, wenn Sie sich auf Ihre Stärken und Talente konzentrieren. Wann fühlen Sie sich mutiger? Wenn Sie sich gedanklich mit Ihren Schwächen und Fehlern beschäftigen oder wenn Sie sich mit Ihren Stärken auseinandersetzten?

Nehmen Sie noch einmal die Übung „Stärken-Analyse" zur Hand und fragen Sie sich darüber hinaus, bei welcher Tätigkeit Sie die Zeit vergessen. Was macht Ihnen Spaß? Überlegen Sie, wie Sie Ihre Stärken ausbauen und konkret umsetzen können!

Die Macht der Gedanken

Beispiel

„Obgleich Du nicht aussiehst wie einer, der Bäume fällen kann, will ich Dir eine Chance geben", sagte der Förster. „Nimm diese Axt und schlage in jenem Waldstück so viele Bäume, wie Du kannst." Nach drei Tagen erstattete Nasrudin Bericht. „Alle Bäume gefällt!" Nasrudin hatte die Arbeit von 30 Männern geleistet. „Aber wo hast Du gelernt, in diesem Tempo Bäume zu fällen?" „In der Wüste Sahara." „Aber in der Sahara gibt es doch gar keine Bäume." „Nein", sagte Nasrudin. „Jetzt nicht mehr." (Idries Shah, Die fabelhaften Heldentaten des weisen Narren Mulla Nasrudin)

Verstehen Sie uns nicht falsch: Die Kraft der Einbildung reicht nicht aus, um alle seine Ziele zu erreichen. Fest steht jedoch, dass wir viele Ziele nicht erreichen, weil wir unsere Gedanken auf den Misserfolg programmieren. Unzählige unbewusste Aussagen durch Eltern, Bekannte, Lehrer oder Freunde prägen unser eigenes Erleben. Gedanken und Selbstgespräche wie „Das kann ich nicht!", „Das schaffst Du sicher nicht." „Lass es lieber gleich bleiben!" verstärken die Vorurteile und das Scheitern in der bevorstehenden Situation.

Sind Sie nicht mutig, weil Ihre Entwicklungsgeschichte Sie auf „nicht-mutig" geprägt hat? Eine Neuprogrammierung auf mutig beginnt mit den eigenen Gedanken. Formulieren Sie bewusst und positiv neue Ziele. Lösen Sie sich von alten Glaubenssätzen und akzeptieren Sie, dass Sie selbst verantwortlich sind für Ihr Erleben und Handeln.

Drei Übungen zum positiven Denken

1   Heute ist mein Tag!

Nehmen Sie sich jeden Morgen in Ruhe und ohne Ablenkung 15 Minuten Zeit, um Ihren Tag gedanklich durchzugehen. Stellen Sie sich alle Situationen vor, wagen Sie einen Blick in die Zukunft. Wie wird dieser Tag werden? Was wird wohl gut werden, was weniger gut, was vielleicht sogar schlecht? Fragen Sie sich, was Sie leisten können, damit dieser Tag wirklich Ihr Tag wird. So sind Sie auf dem besten Weg diesen Tag erfolgreich zu gestalten. Unterscheiden Sie: Was ist eher positiv und was ist eher negativ gedacht? Bei jedem negativen Gedankengang stellen Sie sich bitte sofort die Frage: Kann ich das nicht anders, nicht auch positiv sehen? Viele dieser negativen Denkansätze lassen sich ganz einfach in positive Bahnen lenken.

2   Zurück auf Start

Halten Sie inne und spulen Sie den bisherigen Lauf der Dinge vor Ihrem inneren Auge zurück, sobald Sie bemerken, dass Sie in Ihren alten Trott verfallen. Finden Sie heraus, welche Ursachen dahinterstehen. Überlegen Sie, wie Sie es machen müssen, damit es gelingt. Starten Sie erneut. Machen Sie es so, dass Sie Erfolg haben.

3   12 Sekunden Entscheidungszeit

Untersuchungen haben ergeben, dass ein Mensch, der eine unangenehme Aufgabe angehen will, ungefähr 12 bis 15 Sekunden braucht, um sich zu überwinden. Das gewohnte „bis drei zählen" reicht also nicht aus. Nehmen

Sie sich diese 12 Sekunds, bevor Sie loslegen, und feuern Sie sich innerlich an. Testen Sie diese Vorbereitungsphase, zum Beispiel beim Sprung vom 10-Meter-Brett im Schwimmbad oder in einer anderen Situation, bei der Sie Ihren „inneren Schweinehund" überwinden müssen. Sie werden sehen, diese circa 12-sekündige Zeitspanne bringt Sie in eine positive innere Anspannung. Allerdings sollten Sie die 15-Sekunden-Marke nicht überschreiten, dann ist die mentale Entscheidungsphase erst einmal wieder vorbei. Danach besteht ernstlich die Gefahr, dass Sie das Vorhaben verschieben – vor sich herschieben. Auf den Nachmittag, den nächsten Tag, die nächste Woche ...

Wahrnehmung, Bewertung und Interpretation

Beispiel

 Stellen Sie sich eine Zitrone vor, die vor Ihnen auf einem Tisch liegt. Wenn Sie jetzt eine Brille mit blau gefärbten Gläsern aufsetzen – wie verändert sich die Farbe der Zitrone?

Die richtige Antwort ist: überhaupt nicht! Die Zitrone verändert ihre Farbe nicht, nur weil wir sie nicht mehr gelb sehen. Wenn wir Situationen wahrnehmen, verhält es sich genauso: Wir schalten unbewusst einen Filter, unsere „unsichtbare Brille" dazwischen. So kommen wir zu Bewertungen wie: Die Zitrone ist grün, der Kollege nervig, der Kinofilm spannend etc. Mit einer anderen „Brille" ist die Zitrone vielleicht rot, der Kollege sympathisch und der Kinofilm langweilig.

Beispiel

Der Taxifahrer, mit dem Sie unterwegs sind, missachtet einige Verkehrsregeln, um schneller voranzukommen. Ihre verständliche Bewertung: „Gefährlich und unverantwortlich, was dieser Taxifahrer macht!" Stellen Sie sich nun vor, Sie kommen von einem jahrelangen Indienaufenthalt zurück: „Erstaunlich, wie sicher und diszipliniert die Taxifahrer sich hier verhalten", wäre dann wohl die Bewertung der Situation.

Wir nehmen Situationen selten „nur" wahr, sondern bewerten und interpretieren sie meistens. Es macht das Leben leichter, schnell zu wissen, was richtig und falsch, angenehm und unangenehm, schön oder hässlich ist. Unmutig oder ängstlich sind wir dann, wenn wir eine Situation als gefährlich oder beängstigend bewerten. Um in diesen Situationen Klarheit zu gewinnen: „Ist meine Angst berechtigt oder unterliege ich hier einem Bewertungsfehler?", sollten Sie den Prozess zwischen Wahrnehmung, Bewertung und Interpretation verlangsamen und analysieren. Finden Sie heraus: Welche Brille habe ich gerade auf? Wie gelingt es mir, die Brille zu wechseln?

Die folgende Anleitung zeigt Ihnen, wie Sie in fünf Schritten Ihre Wahrnehmung schärfen.

Schritt für Schritt: Die Wahrnehmung schärfen

1. **Wahrnehmung prüfen:** Was nehme ich genau wahr? Wie würde eine völlig unbeteiligte Person die Situation von außen schildern?
    Beispiel: Der Chef hat einen roten Kopf und spannt die Nackenmuskulatur an. Er läuft den Flur entlang in meine Richtung.

2. **Reaktion vergegenwärtigen:** Was löst diese Situation bei mir aus? Wie bewerte ich sie?
Beispiel: Angst vor meinem Chef, weil er mich gleich anschreien wird.
Sicher ist er enttäuscht von mir und meiner Arbeitsleistung.

 3. **Bewertung prüfen:** Welche Gründe gibt es für diese Bewertung? Würden andere sie genauso bewerten?
Beispiel: Das kenne ich von früheren Chefs. Die hatten einen ähnlichen Gesichtsausdruck, bevor sie explodierten.

 4. **Bewertung hinterfragen:** Welche Aspekte helfen mir, die Situation realistisch zu erfassen? Gibt es Informationen oder Erfahrungen, die es mir erlauben, diesmal eine andere „Brille" aufzusetzen?
Beispiel: Dieser Chef ist bislang immer offen und freundlich gewesen. Genau genommen ist er mir gegenüber noch nie laut geworden. Eventuell ist er erkältet und hat es eilig nach Hause zu kommen.

5. **Neubewertung der Situation:** Wie kann ich mir Klarheit und Sicherheit verschaffen?
Beispiel: Es gibt bis jetzt keinen Grund für mich, vor diesem Chef Angst zu haben. Ich spreche ihn am besten offen an und schildere meine Bedenken.

Es ist nicht die Situation, die beängstigend ist – ich bin es, der sich vor der Situation ängstigt!

Handeln – vom Plan zur Tat

„Der größte Fehler, den man im Leben machen kann, ist, immer Angst zu haben, einen Fehler zu machen." Dietrich Bonhoeffer

Meine Entwicklung planen

Planung ist nicht nur im Projektmanagement unverzichtbar, um zum Ziel zu kommen. Erhöhen Sie die Erfolgschancen für Ihre persönlichen Ziele mit einem Plan. Eventuell ändern sich die Rahmenbedingungen oder es treten neue Ereignisse ein. Dann müssen Sie Ihren Plan überarbeiten. Mit folgendem Schema können Sie Ihre individuelle Entwicklung hin zu einem mutigeren Leben planen.

Schritt 1: Meine langfristigen Ziele

Notieren Sie langfristige Ziele für Ihre Lebensbereiche. Also Ziele, die fünf Jahre oder mehr in der Zukunft liegen und aus den Lebensbereichen

- Persönlichkeit/Außenwirkung,
- Partnerschaft/Familie,
- Beruf/Materielles

stammen. Nutzen Sie dazu auch die Ergebnisse aus dem Kapitel „Meine Mutvision".

Schritt 2: Mein Leben in fünf Jahren

Wie sieht Ihr Tagesablauf in fünf Jahren aus? Was werden Sie arbeiten? Wie und wo werden Sie leben? Welchen Herausforderungen werden Sie begegnen? Wie gehen Sie mit diesen Herausforderungen um?

Schritt 3: Kompetenzen planen

Wenn Sie Ihre Ziele und Ihr Leben in fünf Jahren betrachten – welche Eigenschaften und Kompetenzen brauchen Sie, um Ihre Ziele zu erreichen? Wo liegen die Diskrepanzen zwischen Ihren jetzigen Fähigkeiten und den dann nötigen Fertigkeiten? Holen Sie die Einschätzung einer dritten Person ein. Möglichst jemand, der diese Kompetenzen bereits besitzt. Diese Person wird sehr wahrscheinlich weitere Aspekte erkennen.

Schritt 4: Maßnahmen definieren

Im letzten Schritt finden Sie die richtigen Maßnahmen, um die einzelnen Fähigkeiten, Kompetenzen oder Einstellungen zu erlernen. Lassen Sie sich dabei von einem Experten, Freund oder Vertrauten unterstützen.

> Diese Planung entsteht nicht von heute auf morgen. Lassen Sie sich zwei bis vier Wochen Zeit. Gehen Sie dafür sehr ins Detail.

Der innere Schweinehund

Jetzt steht Ihnen nichts mehr im Weg, oder? Da ist noch die Sache mit dem „inneren Schweinehund": „Eigentlich wollte ich ja, aber ..." Die konkreten Schritte fallen oft schwer.

Gründe, die trotz umfangreicher Vorbereitung und besserer Einsicht darauf hinwirken, den bequemen Weg fortzusetzen, finden sich immer. Erleichtern Sie sich den Schritt vom Plan zur Tat durch konkrete Absprachen. Schließen Sie einen „Handlungsvertrag mit sich selbst". Reicht Ihnen das nicht? Erhöhen Sie den Druck durch „Vertragsstrafen" für den Fall, dass Sie den Vertrag nicht erfüllen.

Handlungsvertrag mit mir selbst

Mein Ziel/mein Thema:

Meine Erkenntnisse:

Konkrete Schritte, Handlungen und Maßnahmen:

Bis wann werde ich die Maßnahmen umsetzen:

Das Ergebnis ist anhand folgender Kriterien überprüfbar:

Beim Umsetzen lasse ich mich unterstützen von:

Strafe für den Fall, dass dieser Vertrag nicht erfüllt wird:

Datum: _____   Unterschrift: _____

Übung: Selbstverantwortung steigern

Nutzen Sie die Vorteile davon, selbst die Verantwortung dafür zu übernehmen, wenn Sie Mut zu zeigen. Fragen Sie sich: Was nützt es mir, für meinen Mut verantwortlich zu sein? Ihre Antworten können z. B. so aussehen:

- Wenn ich selbst die Verantwortung für meinen Mut übernehme, dann bin ich unabhängig von der Ermutigung und Anerkennung durch andere.
- Na und?
- Wenn ich unabhängig von der Ermutigung durch andere bin, dann bin ich selbstbestimmt.
- Na und?
- Wenn ich selbst bestimmt bin, gelingt es mir, meine Träume und Wünsche zu erfüllen.
- Na und?
- Wenn ich mir meine Träume und Wünsche erfüllen kann, dann werde ich zufriedener sein.
- Na und?
- …

Setzen Sie die Nutzenkette mindestens zehn Mal fort.

Ihr individuelles Mut-Programm!

Gründe für reale Ängste gibt es genug: die Angst in einer Unternehmenskrise den Arbeitsplatz zu verlieren, Angst vor den Folgen einer schweren Krankheit etc. Die meisten Ängste jedoch sind „hausgemacht" und unbegründet. Gedanken wie „Bestimmt lästern alle Kollegen über mich, während ich in der Pause bin."; „Ich bin sicher der Erste, der seinen Job verliert." oder „Bei der Präsentation schauen mich alle so kritisch an und denken sich, die hat keine Ahnung." sind häufig grundlos und belasten uns dennoch erheblich. Sind Ängste irrational, hindern sie uns, frei zu entscheiden, uns zu entfalten und das Leben zu genießen. Mit diesen fünf Schritten können Sie unbegründete Ängste ablegen.

Schritt für Schritt: Der Angst entgegentreten

 1. **Realität prüfen:** Finden Sie heraus, ob Ihre Ängste berechtigt sind oder übertrieben und unrealistisch. Gibt es Hinweise, dass eine Kündigung wahrscheinlich ist, oder ist das nur eine vage Befürchtung? Reden Sie mit Ihrem Chef und Verantwortlichen, wie sie die Zukunft des Unternehmens und der Branche beurteilen. Wenn eine Realitätsprüfung ergibt, dass Ihre Ängste unangebracht sind, steckt meist mangelndes Selbstwertgefühl dahinter. Holen Sie Feedback von Kollegen und Freunden über Ihre Stärken und Schwächen ein. So stärken Sie Ihr Selbstbewusstsein.

2. **Hypothesen vermeiden:** Interpretieren Sie die Verhaltensweisen der anderen nicht negativ. Oft steckt hinter einem grimmigen Gesichtsausdruck Grübeln über die eigenen Fehler oder hinter einer hektischen Geste Unsicherheit. Fühlen Sie sich dennoch abwertend beurteilt, fragen Sie nach, was Ihr Gegenüber denkt.

3. **Unterfordern Sie sich nicht:** Aus Angst, den Anforderungen nicht gewachsen zu sein, zu scheitern oder schwerwiegende Fehler zu machen, weigern sich Menschen oft Verantwortung zu übernehmen. Lieber ertragen Sie es, unter Ihren Möglichkeiten zu bleiben und sich zu langweilen. Beantworten Sie sich ehrlich die Frage „Was wären die realistischen Konsequenzen, wenn ich es diesmal nicht schaffe?"

Meist erweist sich das nebulöse Horrorszenario bei genauerem Hinsehen als unangenehm, aber nicht dramatisch. Trauen Sie sich etwas zu! Und denken Sie daran: Fehler bieten Ihnen die Chance, dazuzulernen und Ihre Fähigkeiten weiterzuentwickeln.

 4. **Eigene Leistung realistisch einschätzen:** Ängstliche Menschen haben oft eine verzerrte Wahrnehmung ihrer eigenen Erfolge. Misslingt etwas, geben Sie sich die Schuld: „Das musste ja so kommen." Wenn etwas gut läuft, führen sie dies auf Zufall, Glück oder die Umstände zurück. Rücken Sie Ihre Erfolge ins rechte Licht. Haben Sie bis heute noch nie grobe Fehler gemacht, konnten die Aufgaben stets erfüllen, haben Prüfungen immer bestanden, gibt es keinen vernünftigen Grund anzunehmen, dass Sie plötzlich in allen Disziplinen versagen.

5. **Unabhängig werden:** Leider hält sich das schwäbische Sprichwort „Nicht geschimpft ist genug gelobt." trotz erwiesener positiver Wirkung von Lob und Anerkennung hartnäckig. Leben auch Sie in einem Umfeld, in dem es nicht üblich ist, sich durch positiven Zuspruch gegenseitig zu unterstützen? Machen Sie sich unabhängig von der Anerkennung anderer. Achten Sie auf Ihr inneres Zufriedenheitsgefühl, wenn Sie etwas geleistet haben oder etwas Neues wagen. Nutzen Sie Ihren „inneren Antrieb", um die Abhängigkeit vom Lob anderer zu reduzieren.

Fehler vermeiden

Beispiel

Allein der Gedanke an den anstehenden Termin versetzte Ferdinand Fröhlich in Stress. Zu sehr belastete ihn seine Situation: Er fühlte sich von den Kollegen ausgegrenzt und von Informationen abgeschnitten. Diesen Missstand wollte er mit seinem Chef besprechen. Unvorbereitet, aber mit dem Mut des Verzweifelten, ging Herr Fröhlich in das Gespräch. Noch während des Termins verließ ihn der Mut: Anstatt die Missstände anzusprechen, verschob er sein Anliegen.

Den ersten Schritt zu tun, ist auf dem Weg zu mehr Mut die größte Herausforderung. Herr Fröhlich ist, nachdem er das Gespräch gesucht hat, einen „Schritt rückwärts" gegangen. Vermeiden Sie folgende Fehler bei Ihrem ersten Schritt:

- Unvorbereitet „Augen zu und durch!". Mit diesem Motto beschäftigen Sie sich ungenügend mit Ihrem Mut-Vorhaben. Der Preis ist zu hoch, denn Ihr Erfolg wird dem Zufall überlassen.

- Verantwortung abgeben. Von Freunden unterstützt zu werden („Du schaffst das schon!") ist wertvoll und schön. Verlassen Sie sich nicht blind auf das Urteil anderer. Am Ende sind Sie selbst für sich und Ihr Handeln verantwortlich.

- Mut antrinken. Egal ob Alkohol oder andere Rauschmittel: Sie verändern unsere Wahrnehmung. Den Vorteil, dass unsere „Angstwahrnehmung" schwindet, bezahlen wir teuer, da auch Gefahren und Fallen ausgeblendet werden.

Auf einen Blick: Grenzen verschieben

- Gefühle und Intuition dienen uns als Entscheidungshilfen und stehen gleichberechtigt neben rationalen Argumenten. Beide zusammen führen zu ganzheitlichen, fundierten Entscheidungen.

- Das Denken filtert unsere Wahrnehmung: Wir interpretieren und bewerten. Die Gedanken lassen sich positiv beeinflussen. Nicht die Situation ist beängstigend, wir ängstigen uns.

- Damit wir unsere Erkenntnisse in konkretes Handeln umsetzen können, brauchen wir klare Vorgaben und Ziele: Wir müssen einen Plan erstellen. Dann sollten wir einen Handlungsvertrag mit uns selbst schließen, der uns hilft, den „inneren Schweinehund" zu besiegen.

Literatur

Csikszentmihalyi, Mihaly: Das Flow-Erlebnis: Jenseits von Angst und Langeweile: im Tun aufgehen. Stuttgart 1985

Csikszentmihalyi, Mihaly: Flow – Das Geheimnis des Glücks. Stuttgart 1992

Cube, Felix von: Lust an Leistung – Die Naturgesetze der Führung. München 2000

Shah, Idries: Die fabelhaften Heldentaten des weisen Narren Mulla Nasrudin. Freiburg im Breisgau 2004

Stichwortverzeichnis

Impressum

Bibliografische Information der Deutschen Nationalbibliothek
Die Deutsche Nationalbibliothek verzeichnet diese Publikation in der Deutschen Nationalbibliografie; detaillierte bibliografische Daten sind im Internet über http://www.d-nb.de abrufbar.

Print: ISBN: 978-3-648-02567-3 Bestell-Nr.: 00382-0001
ePub: ISBN: 978-3-648-02568-0 Bestell-Nr.: 00382-0100
ePDF: ISBN: 978-3-648-02569-7 Bestell-Nr.: 00382-0150

Nadja Raslan und Franz Hölzl
Mut – Wagen und gewinnen
1. Auflage

© 2012, Haufe-Lexware GmbH & Co. KG, Munzinger Straße 9, 79111 Freiburg
Redaktionsanschrift: Fraunhoferstraße 5, 82152 Planegg/München
Telefon: (089) 895 17-0
Telefax: (089) 895 17-290
Internet: www.haufe.de
E-Mail: online@haufe.de
Redaktion: Jürgen Fischer

Konzeption und Realisation: Sylvia Rein, 81371 München
Lektorat: Gisela Fichtl, Sylvia Rein
Satz: Beltz Bad Langensalza GmbH, 99947 Bad Langensalza
Umschlag: Kienle gestaltet, Stuttgart
Druck: freiburger graphische betriebe, 79108 Freiburg

Die Autoren

Franz Hölzl

Führungstrainer, staatlich geprüfter Bergführer sowie Fachautor. Mit seiner Firma „Berg und Führung" bietet er Erfahrungen und Kompetenzen aus beiden Welten an: Business und Berg. Spezialgebiete: Führungskräfte-, Team- und Organisationsentwicklung sowie Outdoortrainings. Er sammelte 10 Jahre lang Führungs- und Vertriebserfahrung in Konzernen und machte sich 2001 als Systemischer Berater, Trainer und Coach selbständig. Internet: www.bergundfuehrung.de

Nadja Raslan

Coach, Trainerin, Paar-/Familientherapeutin und Fachautorin. 1998 gründete sie Raslantraining – Systemische PersonalEntwicklung mit dem Fokus auf Führung, Teamarbeit und Organisationsentwicklung. Sie bildet als Lehrtrainerin Coaches und Berater aus und begleitet namhafte Unternehmen, Vorstände und Geschäftsführer. In ihrer Arbeit bietet sie u. a. Führungs- und Persönlichkeitsentwicklung mit Pferde-Unterstützung an. Internet: www.raslantraing.de; www.pferdundfuehrung.com

Weitere Literatur

„Führungstechniken", von Thomas Daigeler, Franz Hölzl und Nadja Raslan, 256 Seiten, 8,95 Euro.
ISBN 978-3-648-02720-2, Bestell-Nr. 00328

Haufe TaschenGuides
Kompakte Informationen zum kleinen Preis

 Der Betrieb in Zahlen

- ABC des Finanz- und Rechnungswesens
- Balanced Scorecard
- Betriebswirtschaftliche Formeln
- Bilanzen
- BilMoG
- Buchführung
- Businessplan
- BWL Grundwissen
- BWL kompakt
- Controllinginstrumente
- Deckungsbeitragsrechnung
- Einnahmen-Überschussrechnung
- Englische Wirtschaftsbegriffe
- Finanz- und Liquiditätsplanung
- Finanzkennzahlen und Unternehmensbewertung
- Formelsammlung Betriebswirtschaft
- Formelsammlung Wirtschaftsmathematik
- IFRS
- Kaufmännisches Rechnen
- Kennzahlen
- Kontieren und buchen
- Kostenrechnung
- So funktioniert die Wirtschaft
- Statistik
- VWL Grundwissen

 Mitarbeiter führen

- Besprechungen
- Delegieren
- Checkbuch für Führungskräfte
- Führungstechniken
- Die häufigsten Managementfehler
- Management
- Mitarbeitergespräche
- Moderation
- Motivation
- Neu als Chef
- Projektmanagement
- Qualitätsmanagement
- Spiele für Workshops und Seminare
- Teams führen
- Workshops
- Zielvereinbarungen und Jahresgespräche

Karriere

- Assessment Center
- Existenzgründung
- Gründungszuschuss
- Jobsuche und Bewerbung
- Vorstellungsgespräche

Geld und Specials

- Sichere Altersvorsorge
- Börse
- Energie sparen im Haushalt
- Geldanlage von A-Z
- Immobilien erwerben
- Immobilienfinanzierung
- Meine Ansprüche als Rentner
- Eher in Rente
- Web 2.0
- Zitate für Beruf und Karriere
- Zitate für besondere Anlässe

 Persönliche Fähigkeiten

- Ihre Ausstrahlung
- Burnout
- Business-Knigge
- Mit Druck richtig umgehen
- Emotionale Intelligenz
- Entscheidungen treffen